U0943627

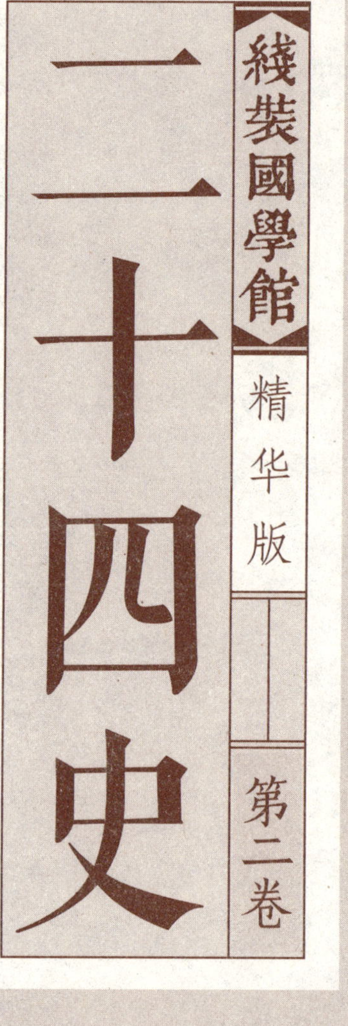
綫裝國學館
精华版
二十四史
第二卷

二十四史精华

宋书

南朝梁·沈约著

范晔传

范晔字蔚宗，顺阳人，车骑将军泰少子也。母如厕①产之，额为砖所伤，故以砖为小字。出继从伯弘之，袭封武兴县五等侯。

少好学，博涉经史，善为文章，能隶书，晓音律。年十七，州辟主簿，不就。高祖相国掾，彭城王义康冠军参军，随府转右军参军，入补尚书外兵郎，出为荆州别驾从事史。寻②召为秘书丞，父忧③去职。服终，为征南大将军檀道济司马，领新蔡太守。道济北征，晔惮行，辞以脚疾，上不许，使由水道统载器仗部伍。军还，为司徒从事中郎。顷之，迁尚书吏部郎。

元嘉九年冬，彭城太妃薨，将葬，祖夕，僚故④并集东府。晔弟广渊，时为司徒祭酒，其日在直。晔与司徒左西属王深宿广渊许，夜中酣饮，开北牖⑤听挽歌为乐。义康大怒，左迁晔宣城太守。不得志，乃删众家《后汉书》为一家之作。在郡数年，迁长沙王义欣镇军长史，加宁朔将军。兄皓为宜都太守，嫡母随皓在官。十六年，母亡，报之以疾，晔不时奔赴。及行，又携妓妾自随，为御史中丞刘损所奏，太祖爱其才，不罪也。服阕⑥，为始兴王濬后军长史，领南下邳太守。及濬为扬州，未亲政事，悉以委晔。寻迁左卫将军、太子詹事。

注释 ①如厕：上厕所之意。②寻：不久。③父忧：这里指父亲过世。④僚故：指僚属和故吏。⑤牖：窗户。⑥服阕：服丧期满。

译文 范晔，字蔚宗，顺阳人，车骑将军范泰的小儿子。母亲上厕所时所生。由于出生时头坠地被砖碰伤，所以小名称作『砖』。后来又过继给伯父范弘之，世袭武兴县五等侯。

范晔自幼好学，广读经史著作，擅长做文章，又能写隶书，通晓音律。十七岁时，州府召他做主簿，没有就任。高祖即位后，先后做过相国掾、彭城王刘义康的冠军参军，又随刘义康迁转而转任右军参军，入朝任尚书外兵郎，又出任荆州别驾从事史。不久被召回做秘书丞，因父亲过世离职服丧。服丧期满，任征南大将军檀道济司马，兼任新蔡太守。檀道济讨伐北魏时，范晔因害怕出征故意以脚病推辞，皇帝没有批准他，派他由水路用船押运兵器和部队。北征军回来之后，范晔任司徒从事中郎；不久，又被迁调尚书吏部郎。

元嘉九年冬，彭城王的母亲彭城王太妃逝世，下葬的头天晚上举行祭祀路神的仪式，义康的僚属和故吏都集合在东府。当时范晔之弟范广渊任司徒祭酒，这一天正在值班。范晔和司徒左西属王深住在弟弟那里，开怀畅饮一直喝到深夜，并且打开北窗听挽歌取乐。刘义康大为震怒，贬范晔去宣城做太守。

范晔因仕途不得志，于是截取和采集众家所作的《后汉书》撰写合成一部新作。在宣城几年之后，范晔转任长沙王刘义欣镇军长史，加号宁朔将军。其兄范皓为宜都太守，范晔的嫡母随范皓在宜都。元嘉十六年，嫡母去世。之前范皓写信告诉范晔说母亲病重，范晔没有及时赶去。快要出发时，他又因随带歌伎小妾，被御史中丞刘损奏参。宋文帝爱惜他的文才，并没治他的罪。丧期服满后，他又任始兴王刘濬后军长史兼南下邳太守。刘濬治理扬州时，从来不亲自处理政务，一切全都委托给范晔。不久范晔又升任左卫将军、太子詹事。

晔长不满七尺，肥黑，秃眉须。善弹琵琶，能为新声①。上欲闻之，屡讽以微旨②，晔伪若不晓，终不肯为上弹。上尝宴饮欢适，谓晔曰：『我欲歌，卿可弹。』晔乃奉旨。上歌既毕，晔亦止弦。

初，鲁国孔熙先博学，有纵横才志，文史星算，无不兼善。为员外散骑侍郎，不为时所知，久不得调。初熙先父默之为广州刺史，以赃货得罪下廷尉，大将军彭城王义康保持③之，故得免。及义康被黜，熙先密怀报效，欲要朝廷大臣，未知谁可动者，以晔意志不满，欲引之。而熙先素不为晔所重，无因④进说。晔外甥谢综，雅为晔所知，熙先尝经相识，乃倾身事综，与之结厚。熙先藉岭南遗财，家甚富足，始与综诸弟共博⑤，故为拙行，以物输之。综等诸年少，既屡得物，遂日夕往来，情意稍款。综乃引熙先与晔为数，晔又与戏，熙先故为不敌，前后输晔物甚多。晔既利其财宝，又爱其文艺。熙先素有词辩，尽心事之，晔遂相与异常，申莫逆之好。始以微言动晔，晔不回，熙先乃极辞譬说。晔素有闺庭论议，朝野所知，故门胄虽华，而国家不与姻娶。熙先因以此激之曰：『丈人若谓朝廷相待厚者，何故不与丈人婚，为是门户不得邪？人作犬豕相遇，而丈人欲为之死，不亦惑乎？』晔默然不答，其意乃定。

注释 ①新声：即新曲。②讽以微旨：这里指皇上委婉的暗示。③保持：保护。④无因：指没有机会。⑤博：在本文是指赌博。

译文 范晔身高不到七尺，又肥又黑，眉秃须疏。但他很会弹奏琵琶，自己能创作出流行的曲调。当今皇帝多次想听他的演奏，予以暗示，而范晔故意装作不知，始终不肯。一次宴会上，皇帝喝酒喝得很高兴，对范晔说：『我想放歌一首，你来为我演奏。』范晔这才弹奏。然而皇帝的歌声一落，范晔的琴声即止。

此前，鲁国人孔熙先博学多能，才气纵横，对于文史星算

忠，不是很糊涂吗？』范晔沉默不答，但其谋反之心已定。

没有什么不深通的。他官居员外散骑侍郎，地位卑微不受人重用。当初，熙先的父亲孔默之在广州担任刺史，由于贪赃受贿获罪将交付廷尉查处，因大将军彭城王刘义康庇护他才得以免罪。后来刘义康遭到贬黜，孔熙先密怀报恩之心，准备邀结朝中大臣起事，但却不知朝中大臣谁可以说动，因范晔对朝廷心怀不满，便打算拉拢他。然而熙先平时不受范晔重视，没有机缘前去游说。范晔的外甥谢综很受范晔赏识，孔熙先曾经和谢综相识，于是就一心亲近谢综，想和他结下深厚的交情。孔熙先凭借他父亲在岭南遗留的财产，家业十分富足，便开始和谢综兄弟们一起赌博，故意表现得十分笨拙，把钱财输给他们。谢综兄弟们都年轻，既然屡屡赢得财物，便天天同孔熙先往来，情意逐渐融洽。谢综便把孔熙先引荐给范晔，范晔和孔熙先赌博，孔熙先又故意装作不是对手，前前后后输给范晔很多财物。范晔既贪图孔熙先的财宝，又爱惜他的文才和技艺。孔熙先素来善于辞令，又尽心侍奉范晔，于是范晔待他不同于一般，两人结成莫逆之交。孔熙先开始用委婉的话来说动范晔，范晔没有理睬，孔熙先便想尽言辞多方劝说。范晔的家风素来不正，招人议论，朝廷内外都知道，所以范氏门第虽然显贵，可是皇室不肯同他家结为姻亲。孔熙先借此来激他说：『您如果认为朝廷优待您，但为什么皇上不愿跟您结亲，难道是因为不门当户对吗？人家对待你像对待猪狗一样，您还想着为他效

时晔与沈演之并为上所知待，每被见多同。晔若先至，必待演之俱入，演之先至，尝独被引，晔又以此为怨。晔累经义康府佐，见待素厚。及宣城之授，意好乖离。综为义康大将军记室参军，随镇豫章。综还，申①义康意于晔，求解晚隙，复敦往好。晔既有逆谋，欲探时旨，乃言于上曰：『臣历观前史二汉故事，诸蕃王政以𫍙诅幸灾，便正大逆之罚。况义康奸心衅迹，彰著遐迩②，而至今无恙，臣窃惑焉。且大梗常存，将重阶乱，骨肉之际，人所难言。臣受恩深重，故冒犯披露。』上不纳。

熙先素善天文，云：『太祖必以非道晏驾，当由骨肉相残。江州应出天子。』以为义康当之。综父述亦为义康所遇，综弟约又是义康女夫，故太祖使综随从南上，既为熙先所奖说，亦有酬报之心。广州人周灵甫有家兵部曲，熙先以六十万钱与之，使于广州合兵。灵甫一去不反。大将军府吏仲承祖，义康旧所信念③，屡衔命下都，亦潜结④腹心，规⑤有异志。闻熙先有诚，密相结纳⑥。丹阳尹徐湛之，素为义康所爱，虽为舅甥，恩过子弟，承祖因此结事湛之，告以密计。承祖南下，申义康意于萧思话及晔，云：『本欲与萧结婚，恨始意不果。与范本情不薄，中间

相失，傍人为之耳。』

注释 ①申：表明之意。②彰著遐迩：远近皆知。③信念：即信任。④潜结：暗中勾结之意。⑤规：即窥测。⑥结纳：即结交。

译文 范晔和沈演之在当时都受到皇帝的赏识厚待，两人常常同时被召见。召见时，范晔如先到，皇帝一定要等沈演之到后一同召见；而沈演之若早到，却往往单独被召见，范晔又因此心怀怨恨。范晔长期担任刘义康的佐僚，曾受义康的厚待。等到被贬做宣城太守之后，范晔对刘义康就不再是一条心了。谢综做刘义康的大将军记室参军，随从镇守豫章。谢综回家时，向范晔传达义康的心意，希望范晔能与他消除过去的嫌隙，重修旧好。范晔既有反意，就想探听皇帝的意旨，于是便向皇帝进言说：『我从头至尾阅读前代两汉时期的历史，各封国藩王用妖言诅咒幸灾乐祸，朝廷就治以大逆不道之罪。如今刘义康谋反的奸险之心，谋叛之迹，远近皆知，可是直到今天还安然无事，我私下里迷惑不解。何况大害久存不除，将会引起祸乱，本来骨肉亲人之间的关系，局外人是很难说话的。不过我受皇恩深厚，所以才冒死吐露真诚。』皇帝没有采纳。

熙先熟知天文，说：『太祖将死于骨肉相残的非常变故。江州地方应该要出天子。』认为这新天子应是刘义康。谢综之父谢述也受到刘义康的知遇，谢综之弟谢约又是刘义康的女婿，所以太祖让谢综随从刘义康南上。在孔熙先的劝说之后，谢综也有了酬报刘义康的心意。广州人周灵甫养有家兵部队，孔熙先拿出六十万钱给他，让他在广州会合兵力。周灵甫拿了钱一去不回。大将军府吏仲承祖，原为刘义康所信任，多次奉刘义康的命令来到京城，并且在暗中勾结心腹之人，窥测心怀不满的人。听说孔熙先有诚意，便秘密同他交结。丹阳尹徐湛之，平素受到刘义康的喜爱，虽然是舅父和外甥的关系，他对徐湛之的恩惠却超过对自家子弟，仲承祖因此和徐湛之结交，并且把秘密谋划的计划告诉给他。仲承祖南下，便将刘义康的心意和告知萧思话与范晔说：『原本打算和萧家结成姻亲，遗憾的是没能实现。我与范晔的情意本来很深，但因别人的闲话离间，使我们的关系出现不和。』

有法略道人，先为义康所供养，粗被知待，又有王国寺法静尼亦出入义康家内，皆感激旧恩，规①相拯拔，并与熙先往来。使法略罢道，本姓孙，改名景玄，以为臧质宁远参军。熙先善于治病，兼能诊脉。法静尼妹夫许耀，领队在台，宿卫殿省。尝有病，因法静尼就熙先乞治，为合汤一剂，耀疾即损。耀自往酬谢，因成周旋②。熙先以耀胆干可施，深相待结，因告逆谋，耀许为内应。豫章胡遵世，藩之子也，与法略甚款，亦密相酬和。法静尼南上，

熙先遣婢采藻随之，付以笺书，陈说图谶。法静还，义康饷③熙先铜匕、铜镊、袍段、棋奁等物。熙先虑事泄，鸩④采藻杀之。湛之又谓晔等：『臧质见与异常，岁内当还，已报质，悉携门生义故，其亦当解人此旨，故应得健儿数百。质与萧思话款密，当仗要之，二人并受大将军眷遇，必无异同。思话三州义故众力，亦不减质。郡中文武，及合诸处侦逻，亦当不减千人。不忧兵力不足，但当勿失机耳。』乃略相署置⑤，湛之为抚军将军、扬州刺史，晔中军将军、南徐州刺史，熙先左卫将军，其余皆有选拟。凡素所不善及不附义康者，又有别簿，并入死目。

注释 ①规：谋划之意。②周旋：这里指两人有了交往。③饷：即带给。④鸩：用毒酒毒死。⑤略相署置：意为大概地对人事作了一些安排。

译文 道人法略，先前受到刘义康的供养，被视作知己。王国寺尼姑法静也经常出入刘义康家，他们感激刘义康旧日的恩德，约定同甘共苦来报答他。他们跟孔熙先往来密切。孔熙先让法略还俗，恢复本姓孙，改名为景玄，并任他做臧质的宁远参军。孔熙先善于治病，又会诊脉。尼姑法静的妹夫许耀，是值宿保卫皇城的领队，曾得病，托法静到孔熙先那里求医，孔熙先给他调和一剂汤药，许耀的病便药到即除。许耀亲自前去酬谢，两人经常交往便成为了朋友。孔熙先很赏识许耀的胆量，与他结成了知交，并将他谋反的意图告诉许耀，许耀也答应做内应。豫章胡遵世是胡藩的儿子，和法略的情感很融洽，也秘密相配合。法静南上，孔熙先打发婢女采藻随她前去，交给法静书信，信中陈说了图谶的内容。法静回来时，刘义康送给孔熙先铜匙、铜镊、袍缎、棋盘、奁匣等礼物。孔熙先担心这事泄漏，用毒酒害死采藻。徐湛之又对范晔等说：『臧质受到的待遇不同寻常，他年内就要回来，我已经写信告诉他，让他带上所有的门生故旧，他也明白我的意思，所以我们从他那里能得到几百壮士。感质和萧思话感情很好，我们应当邀约他们，这两个人也都受过大将军的爱护厚待，一定忠诚没有二心。萧思话三州地方的部下故旧的力量，也不会比臧质的少。加上郡中的文武官员，以及会合各地方侦察巡逻人员，也该不少于一千人。我们不必担心兵力不足，只是不能错过时机。』于是便开始安排设置官员，徐湛之做抚军将军、扬州刺史，范晔做中军将军、南徐州刺史，孔熙先做左卫将军，其他人都有任用。凡是平时关系不好以及不亲附刘义康的人，他都将其另立名簿，填入处死栏内。

熙先使弟休先先为檄文曰：

夫休否相乘，道无恒泰，狂狡①肆逆，明哲是殛。故小白②有一匡之勋，重耳③有翼戴之德。自景平肇始，皇室多故，大行皇帝天诞英姿，聪明睿哲，拔自藩国，嗣位统天，忧劳万机，垂心庶务，是以邦内安逸，四海同风。而比年以来④，奸竖乱政，刑罚乖淫，阴阳违舛，致使衅起萧墙，危祸萃集。贼臣赵伯符积怨含毒，遂纵奸凶，肆兵犯跸，祸流储宰，崇树非类，倾坠皇基。罪百浞、豷，过十玄、莽，开辟以来，未闻斯比。率土叩心，华夷泣血，咸怀亡身之诚，同思糜躯之报。

湛之、晔与行中领军萧思话、行护军将军臧质、行左卫将军孔熙先、建威将军孔休先，忠贯白日，诚著幽显⑤，义痛其心，事伤其目，投命奋戈，万殒莫顾，即日斩伯符首，及其党与。虽豺狼即戮，王道惟新，而普天无主，群萌莫系⑥。彭城王体自高祖，圣明在躬，德格天地，勋溢区宇，世路威夷，勿用南服，龙潜凤栖，于兹六稔，苍生饥德，亿兆渴化，岂唯东征有《鸱鸮》之歌，陕西有勿翦之思哉。灵祇告征祥之应，谶记表帝者之符，上答天心，下惬民望，正位辰极，非王而谁。

注释 ①狂狡：文中指狂暴狡猾之徒。②小白：指齐桓公。③重耳：指晋文公。④比年以来：这里指少帝景平年间以来。⑤幽显：即幽明。⑥系：归属之意。

译文 孔熙先让他弟弟孔休先提前写好起事的檄文：

世上事情的吉凶是相互联系的，世道也不能永远安宁，狂暴狡猾之徒放纵作乱，圣明睿智的人就会将其歼灭。所以齐桓公小白才建树起匡扶天下的功勋，晋文公重耳才取得保卫天子的功绩。自从少帝景平年间开始，皇室内部便不断发生变故，先帝天生英才，聪明睿智，他从藩王中被选拔做太子，即皇位后，忧劳军国事务，谨慎于细小的事情，因此国泰民安，四海清明。然而近年来，奸臣乱政，刑罚错乱，阴阳不顺，宫廷祸难不断，灾难集中出现。贼臣赵伯符心怀怨恨，胸藏毒计，纵兵侵犯皇帝，祸害朝廷。他推崇扶植的人都不是什么好东西，时时让皇室的基业受到威胁。他的罪恶超过寒浞和他的儿子戈豷百倍，超过刘玄和王莽十倍，他的罪恶自开天辟地以来都没有人能比得过。所以，全天下的人都为之痛心，汉夷各个民族都之此泣血，都怀着献身的诚意，决心为国家粉身碎骨。

徐湛之、范晔和行中领军萧思话、行护军将军臧质、行左卫将军孔熙先、建威将军孔休先，他们的忠心可与日月相比，诚意可以感动神灵，为正义不伸而痛心，为国事危急而不忍目睹，舍命举兵，万死不顾，起兵当日斩下赵伯符的首级，诛歼他的党羽。虽然豺狼已被杀掉，王道焕然一新，但是天下没有圣明的君主，百姓没有归属。彭城王刘义康是高祖子孙，自身圣明，德高天地，勋业誉满天下，但世道不平，不能受到重用而处在南方藩国，如同龙潜在渊、凤栖于林，至今已经六年。苍生盼望德行崇高的帝王，天下百姓对圣明的教化渴盼如饥似

渴，难道只有周公东征才会产生《鸱鸮》的歌谣，难道只有陕西百姓才会有思念召公的诗篇吗？神灵告知吉祥的征兆，诚记已经表明帝者的符瑞，这样上合天心，下悦民望，而能登上皇帝御座的，不是彭城王又有谁呢？

今遣行护军将军臧质等，赍①皇帝玺绶，星驰奉迎。百官备礼，骆驿继进，并命群帅，镇戍有常。若干挠义徒，有犯无贷。昔年使反，湛之奉赐手敕，逆诫祸乱，预睹斯萌，令宣示朝贤，共拯危溺②，无断谋事，失于后机，遂使圣躬滥酷，大变奄集，哀恨崩裂，抚心摧哽，不知何地，可以厝身③。辄督厉厄顿，死而后已。

熙先以既为大事，宜须义康意旨，晔乃作义康与湛之书，宣示同党曰：

『吾凡人短才，生长富贵，任情用己，有过不闻，与物无恒，喜怒违实，致使小人多怨，士类不归。祸败已成，犹不觉悟，退加寻省，方知自招，刻肌刻骨，何所复补。然至于尽心奉上，诚贯幽显，拳拳谨慎，惟恐不及，乃可恃宠骄盈，实不敢故为欺罔也。岂苞藏逆心，以招灰灭，所以推诚自信，不复防护异同④，率意信心，不顾万物议论，遂致谗巧潜构，众恶归集。甲奸险好利，负吾事深；乙凶愚不齿，扇长无赖；丙、丁趋走小子，唯知谄进，伺求长短，共造虚说，致令祸陷骨肉，诛戮无辜。凡在过衅，竟有何征⑤，而刑罚所加，同之元恶，伤和枉理，感彻天地。

注释 ①赍：捧着。②危溺：指国家处于危难之中。③厝身：即藏身。④异同：这里指别人的谗言。⑤征：证据之意。

译文 如今派行护军将军臧质等人，拿着皇帝的御玺印绶昼夜急奔来迎接皇帝驾临，文武百官们已经准备就绪，陆续前进，并且命令所有的将士严格镇守各地加强警戒。如果有不法之徒肆意破坏，则严惩不贷。往年使者回来，徐湛之接到彭城王亲赐的手书，预料并告诫朝廷将有祸乱，看出祸乱征兆后，曾命令我们告知朝中贤臣，一起来拯救国家危难。但我们由于谋事不果断，错失良机，让天子陷入无边的灾难。等到大乱发生时，我们捶胸悲咽，不知该往哪里去。因此我们只有奋起疲弱之躯，死而后已。

孔熙先认为既然要干大事，必须凭借刘义康的意旨才是，范晔于是伪造一篇刘义康写给徐湛之的信，向他们同党宣示说：

『我无才无德，生在富贵皇室，自幼任性而行，有过失也无人指出，待人接物都没有恒心，喜怒之情常常不合世情，致使一些小人对我多怀怨恨，善人贤士不肯前来归附。我自己的过失，却不能及时察觉，认真思索反省，才知道是咎由自取，虽然这种怨恨刻骨铭心，但现在又不知该如何弥补。然而我尽心恭奉皇上，我的忠诚贯通幽明，诚恳谨慎，唯恐有不足之处，怎么可以仗恃宠信骄傲自满，实在不敢有意欺罔君上。难道还敢暗怀反逆的心思，因此招来杀身之祸？所以推心致诚表明自己的本心，不再提防回避有什么嫌隙，全凭着本性诚心，不顾虑众人会有什么议论。致使谗佞奸巧之徒暗中诬陷，众多罪名都归到我身上。甲某生性奸险，贪图小利，深深辜负了我的用心；乙某凶顽无耻，煽扬无稽之谈；丙某、丁某趋利小人，只知道谄媚求进，他们窥伺搜集我的短处，制造谣言，致使我兄弟骨肉相残，无辜之人被迫害。那些强加给我的罪名，哪里有什么根据，然而我所受到的刑罚全同元凶大恶一样，这样伤天害理，真使天地为之共愤。

『吾虽幽逼①日苦，命在漏刻，义慨之士，时有音信。每知天文人事，及外间物情，土崩瓦解，必有朝夕。是为衅起群贤，滥延国家，夙夜愤踊，心腹交战。朝之君子及士庶白黑怀义秉理者，宁可不识时运之会，而坐待横流邪。除君侧之恶，非唯一代，况此等狂乱罪骫，终古所无，加之翦戮，易于摧朽邪。可以吾意宣示众贤，若能同心奋发，族裂逆党，岂非功均创业，重造宋室乎。但兵凶战危，或致侵滥，若有一豪犯顺②，诛及九族。处分之要，委之群贤，皆当谨奉朝廷，动止闻启。往日嫌怨，一时豁然③，然后吾当谢罪北阙，就戮有司。苟安社稷，暝目无恨。勉之勉之。』

二十二年九月，征北将军衡阳王义季、右将军南平王铄出镇，上于武帐冈祖道，晔等期以其日为乱，而差互不得发。于十一月，徐湛之上表曰：『臣与范晔，本无素旧，中忝④门下，与之邻省，屡来见就，故渐成周旋。比年以来，意态转见，倾动险忌，富贵情深，自谓任遇未高，遂生怨望。非唯⑤攻伐朝士，讥谤圣时，乃上议朝廷，下及藩辅，驱扇同异，恣口肆心，如此之事，已具上简。近员外散骑侍郎孔熙先忽令大将军府吏仲承祖腾晔及谢综等意，欲收合不逞，规有所建。以臣昔蒙义康接盼，又去岁群小为臣妄生风尘，谓必嫌惧，深见劝诱。兼云人情乐乱，机不可失，谶纬天文，并有征验。晔寻自来，复具陈此，并说臣论议转恶，全身为难。即以启闻，被敕使相酬引，究其情状。于是悉出檄书、选事及同恶人名、手墨翰迹，谨封上呈，凶悖之甚，古今罕比。由臣暗于交士，闻此逆谋，临启震惶，荒情无措。』诏曰：『湛之表如此，良可骇惋。晔素无行检，少负瑕衅，但以才艺可施，故收其所长，频加荣爵，遂参清显。而险利之性，有过溪壑，

不识恩遇，犹怀怨愤。每存容养，冀能悛革⑥，不谓同恶相济，狂悖至此。便可收掩⑦，依法穷诘⑧。』

注释 ①幽逼：指遭受幽禁。②顺：指皇上。③豁然：形容一下子明朗的样子，这里指怨恨化解。④忝：任职。⑤非唯：不但之意。⑥冀能悛革：希望能迅速改过。⑦收掩：即收押。⑧穷诘：追究之意。

译文 『虽然我被幽禁，度日艰难，随时会被处死，然而那些仗义的朋友，时时有书信寄来。告诉我天象和人事的变化，我觉得土崩瓦解的形势，很快就会来临。因此群贤首先察觉征兆，散播全国，异常激愤，内心交战。朝廷中的君子和臣子中凡是明辨黑白、怀义守理的人，怎么会不清醒认识到这是关乎国家命运的关键时刻，反而坐视邪恶的势力危害国家呢？清除皇帝旁边邪恶之臣，已经不止一个朝代如此，何况现在这等为非作恶狂暴逆乱的罪魁，自古少见，如果我们齐心协力将其剪除消灭，不是比摧枯拉朽更容易吗？可以把我的心意告诉各位贤士，假如我们同心协力灭除逆党，那不是和开国创业的功绩相等，如同重新缔造宋朝皇室的基业吗？但是兴兵作乱是很危险的事，可能会导致滥杀无辜。假如有一丝一毫触犯皇上的事，将会受到诛灭九族的刑罚。策划大事的重任，交付给各位贤人办理，大家都要恭敬地尊奉朝廷，一举一动都要启奏。待到大家往日的嫌隙怨恨，一下子统统化解，然后我就该向皇上请罪，请有关部门处置，甘心受死。假如能够使国家得到安定，我也死而无怨。请诸位多加勉励。』

征北将军衡阳王刘义季、右将军南平王刘铄于元嘉二十二年九月出京赴镇所，皇帝在武帐冈设宴饯别，范晔等人计划在这天作乱，但是出了差错没能实现。在十一月，徐湛之上表自首说：『我和范晔，原来没有交情，后来我们在官中任职，又和他的官署邻近，他多次来相见，所以逐渐有了交往。近年来，他的本性显现出来，这人居心险恶，贪图高官厚禄，自以为没有得到更高的信任和重用，便产生了怨恨。不仅攻击朝中的人士，还讥刺圣明时代，还经常对上议论朝廷，对下议论藩王大臣，宣扬鼓动是非，思想言论放肆无忌。这类事情，我在先前呈上的奏表中全都写过。最近员外散骑侍郎孔熙先突然让大将军府吏仲承祖转达范晔和谢综等人的意见，打算有所图谋。因为我过去受到过刘义康的接待关照，同时去年又有一些小人对我造谣诬蔑，他们认为我一定会对皇上产生又恨又怕的心理，所以就接受他们的劝说和引诱。而且又说喜欢混乱是人之常情，机会不可错过，谶纬图书和天文星象，都有征候预兆。范晔不久亲自到来，又具体叙说了这事，并且说人们对我的议论更加险恶，想保全自己是很难的。我立即启奏上闻，接到敕令让我同他们应酬接近，详尽了解他们的情况。这时范晔拿出来他们所有的檄书、选官的文件以及同伙的人名册、亲手写的书信，我小心封好呈给皇上。这已可见他们的凶恶悖逆到了极点，古今少有能和他们相比的。由于我在交友方面思想糊涂，听到这样大逆不道的阴谋，在写奏书的时候还感到震恐惊慌，怀着恐惧之情不知所措。』宋文帝下诏说：『徐湛之表奏的这些情况，很让人感到震惊可怕。范晔向来行为不检，年轻时就犯有前科，因为他才艺出众，所以我用他的长处，多次赐给他荣耀和爵位，并委以朝中要职。可是他险诈贪利的本性，超过了深沟大壑，不对主上的优待感恩，反而心怀怨恨。过去多次宽容，希望他能迅速改过，没有想到他竟然与恶人狼狈为奸，狂妄到如此地步。现在就可以将他收捕，依法严加追究。』

其夜，先呼晔及朝臣集华林东阁，止于客省。先已于外收综及熙先兄弟，并皆款服。于时上在延贤堂，遣使问晔曰：『以卿粗有文翰，故相任擢，名爵期①怀，于例非少。亦知卿意难厌满，正是无理怨望，驱扇②朋党而已，云何乃有异谋。』晔仓卒③怖惧，不即④首款。上重遣问曰：『卿与谢综、徐湛之、孔熙先谋逆，并已答款，犹尚未死，征据见存，何不依实。』晔对曰：『今宗室磐石，蕃岳张跱，设使窃发侥幸，方镇便来讨伐，几何而不诛夷。且臣位任过重，一阶两级，自然必至。如何以灭族易此。古人云：「左手据天下之图，右手刎其喉，愚夫不为。」臣虽泥下，朝廷许其粗有所及⑤，以理而察，臣不容有此。』上复遣问曰：『熙先近在华林门外，宁欲面辨之乎？』晔辞穷，乃曰：『熙先苟诬引臣，臣当如何。』熙先闻晔不服，笑谓殿中将军沈邵之曰：『凡诸处分，符檄书疏，皆范晔所造及治定。云何于今方作如此抵蹋邪。』上示以墨迹，晔乃具陈本末，曰：『久欲上闻，逆谋未著，又冀其事消弭，故推迁至今。负国罪重，分甘诛戮。』

其夜，上使尚书仆射何尚之视之，问曰：『卿事何得至此？』晔曰：『君谓是何？』尚之曰：『卿自应解。』晔曰：『外人传庾尚书见憎，计与之无恶。谋逆之事，闻孔熙先说此，轻其小儿，不以经意。今忽受责，方觉为罪。君方以道佐世，使天下无冤。弟就死⑥之后，犹望君照此心也。』明日，仗士送晔付廷尉，入狱，问徐丹阳所在，然后知为湛之所发。熙先望风吐款，辞气不桡，上奇其才，遣人慰劳之曰：『以卿之才，而滞于集书省，理应有异志。此乃我负卿也。』又诘责⑦前吏部尚书何尚之曰：『使孔熙先年将三十作散骑郎，那不作贼。』

注释　①期：期望。②驱扇：结交之意。③仓卒：突然之间。④不即：不立刻之意。⑤粗有所及：有一些才能。

⑥就死：奔赴死亡。⑦诘责：责备之意。

译文 这天夜里，朝廷先传范晔和朝臣在华林园东阁集合，先在客馆处休息。事前，皇帝已在宫外将谢综和孔熙先兄弟收押，他们也都招供服罪。此时，宋文帝在延贤堂派人问范晔说：『因为你的文才，才对你任用提拔，名位爵禄都如愿得到，给你的恩宠已经不少。也知道你很难满足，你的一些怨言牢骚，只是为了煽惑鼓动同党而已，为什么竟然起了谋反的心思？』范晔突然得知谋反之事败露，但他没有立刻招供认罪。宋文帝又一次派人来问说：『你同谢综、徐湛之、孔熙先等阴谋反逆，他们已经供认服罪，还没处死，现在证据确凿，你为什么还不从实招来？』范晔回答说：『如今皇室宗亲坚固如同磐石，藩国如同山岳般耸立，假使谁胆敢企图侥幸，各方藩镇就会前来讨伐，怎能不遭到诛灭？况且我的职位责任已经很重要，再晋升一阶两级的事，会自然实现的。我为什么要拿灭族的危险来换取高位？古人说：「左手握着天下的地图，右手拿刀割自己的喉头，蠢人都不干这种事。」我虽然地位低下，但朝廷认为我有一些才能，按照道理来想，我不可能有这种谋反的心思。』宋文帝又一次派人问说：『孔熙先就在华林园门外，难道你需要当面对质吗？』范晔无言可对，便说：『是孔熙先的诬陷牵连了我，我又能怎么办？』孔熙先听说范晔不认罪，笑着对殿中将军沈邵之说：『所有谋反策划的过程以及各种文件，都是范晔一手制作或由他改定。怎么到今天他还要做如此抵赖呢？』皇帝便把范晔亲笔的墨迹拿给他看，范晔才全部招供了事情的始末，说：『早就想禀明皇上知晓，但谋反的事迹还不明显，又希望这事能够自消自灭，所以推迟迁延到今天交代。我背叛国家，罪行深重，甘心受到诛杀。』

这天夜里，宋文帝派尚书仆射何尚之来看望范晔，问：『你怎么弄到这种地步？』范晔说：『您认为是什么缘故？』何尚之说：『你自己应该明白。』范晔说：『外面人传说庾尚书嫉恨我，我想我和他没有什么矛盾。阴谋反逆的事，是听孔熙先说起的，但轻视他是个小孩子，也没在意。今天忽然受到责问，才发觉这是犯罪。您正在用大道辅佐皇上治理天下，当使天下不再有冤屈。兄弟我被处死之后，还希望您能够明白我的心意。』第二天，派执仗的军士押送范晔交付给廷尉审处，送进监狱。范晔问徐湛之在什么地方，而后知道了事情是徐湛之告发的。孔熙先虽然招供，语气却不屈服，宋文帝认为他有奇才，派人去慰劳他说：『以你的才能，却久在集书省不得升迁，按道理说是会有反叛之心的。这是我对不起你。』又责问原吏部尚书何尚之说：『让孔熙先年近三十岁了还是只做个散骑郎，他哪能不成为叛贼。』

熙先于狱中上书曰：『因小人猖狂，识无远概①，徒狗

意气之小感，不料逆顺之大方。与第二弟休先首为奸谋，干犯②国宪，齑脍脯醢③，无补尤戾。陛下大明含弘，量苞天海，录其一介之节，猥垂优逮之诏。恩非望始，没有遗荣，终古以来，未有斯比。夫盗马绝缨之臣，怀璧投书之士，其行至贱，其过至微，由识不世之恩，以尽躯命之报，卒能立功齐、魏，致勋秦、楚。囚虽身陷祸逆，名节俱丧，然少也慷慨，窃慕烈士之遗风。但坠崖之木，事绝升跻，覆盆之水，理乖收汲。方当身膏铁钺，诒诫方来，若使魂而有灵，结草无远。然区区丹抱，不负夙心，贪及视息，少得申畅。自惟性爱群书，心解数术，智之所周，力之所至，莫不穷揽④，究其幽微。考论既往，诚多审验。谨略陈所知，条牒如故别状，愿且勿遗弃，存之中书。若囚死之后，或可追存，庶九泉之下，少塞衅责。』所陈并天文占候，谶上有骨肉相残之祸，其言深切。

晔在狱，与综及熙先异处，乃称疾求移考堂，欲近综等。见听，与综等果得隔壁。遥问综曰：『始被收时，疑谁所告？』综云：『不知。』晔曰：『乃是徐童。』童，徐湛之小名仙童也。在狱为诗曰：『祸福本无兆，性命归有极。必至定前期，谁能延一息。在生已可知，来缘懵无识。好丑共一丘，何足异枉直⑤。岂论东陵上，宁辨首山侧。虽无嵇生琴，庶同夏侯色。寄言生存子，此路行复即。』

注释 ①远概：即远见。②干犯：侵犯。③齑脍脯醢：意为切成肉块剁成肉酱。④穷揽：穷尽地钻研。⑤异枉直：指议论是非曲直。

译文 孔熙先在狱中给皇帝写信说：『我是个狂妄放肆的小人，没有远见，屈从个人的意气用事，而不顾叛逆和忠顺这一大节。与二弟孔休先带头策划奸计，触犯国法，即使我们粉身碎骨被剁成肉酱，也弥补不了我们的罪过。陛下伟大圣明宽宏大量，心胸宽如大海，因为我们一些微小的才能，荣蒙发下来宽大的诏书。这样的恩惠原本是没有想到的，即便是我死了也有不尽的荣幸，自古以来，没有能同这样的恩德相比的。那盗马和扯断冠缨的臣子，那怀璧投书的士人，他们的行为最低贱，他们的过失很微小，由于他们认识到受了国君前所未有的恩宠，所以竭尽捐躯舍命地报效，终于能为齐国、魏国立功，得到秦国、楚国的励赏。我虽然陷于叛逆，名誉和节操都已丧失，然而我从青年时代就怀抱慷慨的志向，私心仰慕古代忠烈之士的遗风。可是从山崖上倒下来的大树，断绝了再攀登的希望，从翻盆里倒出的水，不会有收取回来的可能。我应当受斧钺之刑，给后来的人留下教训；假如死后有知，那么一定对皇上结草相报。然而我怀有一片忠心，就是不想辜负从前的志向，珍惜得到的生存时机，多少还可以申述我的心怀。我自己

认为生来喜爱群书，理解数术，凡是智力所能接触的领域，无不穷尽地钻研，探索其深微之处。以往我考察论述过的事情，确实多有应验。谨在这里把我所知的事情略加陈述，分条书写如另外附上的材料，希望陛下不要遗弃，把它们存在内府。我死之后，或许可以保存下来，这样我在九泉之下，多少可以弥补我的罪过。』孔熙先所陈述的天文占卜情况，图识上都预言了皇帝将遭到骨肉相残的祸患的事，他的话很深刻切实。

范晔在狱中，开始没有与谢综及孔熙先关押在同一个地方。于是范晔声称自己有病，要求换个地方，想要接近谢综等人。要求得到准许，果然让他和谢综住在隔壁。范晔远远地问谢综说：『起初被逮捕时，你猜想是谁告发的？』谢综说：『不知道。』范晔说：『就是徐童。』徐童，是指徐湛之，他的小名叫仙童。范晔在狱里作诗说：『虽然祸与福本来没有什么预兆，但人终归有一死。命中注定未来的期限，谁也没有能力延长一息。活着的事情可以知道，未来变化多端不可预料。好人恶人无论好歹都归于一丘黄土，又何必说什么是非曲直。也不管是死在东陵之丘，还是埋在首阳山侧。虽然不能像嵇康那样临死前从容弹琴，但总还能做到像夏侯玄那样死无惧色。留言给活着的士人君子，这条路上也将有你们的足迹。』

晔本意谓入狱便死，而上穷①治其狱，遂经二旬，晔更有生望。狱吏因戏之曰：『外传詹事或当长系。』晔闻之惊喜，综、熙先笑之曰：『詹事尝共畴昔事时，无不攘袂瞋目。及在西池射堂上，跃马顾盼，自以为一世之雄。而今扰攘纷纭，畏死乃尔。设令今时赐以性命，人臣图主，何颜可以生存。』晔谓卫狱将曰：『惜哉！薶如此人。』将曰：『不忠之人，亦何足惜。』晔曰：『大将言是也。』

将出市②，晔最在前，于狱门顾谓综曰：『今日次第，当以位邪？』综曰：『贼帅为先。』在道语笑，初无暂止。至市，问综曰：『时欲至未？』综曰：『势不复久。』晔既食，又苦劝综，综曰：『此异病笃，何事强饭。』晔家人悉至市，监刑职司问：『须相见不？』晔问综曰：『家人以来，幸得相见，将不暂别。』综曰：『别与不别，亦何所存。来必当号泣，正足乱人意。』晔曰：『号泣何关人，向见道边亲故相瞻望，亦殊胜不见。吾意故欲相见。』于是呼前。晔妻先下抚其子，回骂晔曰：『君不为百岁阿家，不感天子恩遇，身死固不足塞罪，奈何枉杀子孙。』晔干笑云罪至而已。晔所生母泣曰：『主上念汝无极，汝曾不能感恩，又不念我老，今日奈何？』仍以手击晔颈及颊，晔颜色不怍。妻云：『罪人，阿家莫念。』妹及妓妾来别，晔悲涕流涟，综曰：『舅殊不同夏

侯色。」晔收泪而止。综母以子弟自蹈③逆乱，独不出视。晔语综曰：「姊今不来，胜人多也。」晔转醉，子蔼亦醉，取地土及果皮以掷晔，呼晔为别驾数十声。晔问曰：「汝恚我邪？」蔼曰：「今日何缘复恚，但父子同死，不能不悲耳。」晔常谓死者神灭，欲著《无鬼论》；至是与徐湛之书，云「当相讼地下」。其谬乱如此。又语人：「寄语何仆射，天下决无佛鬼。若有灵，自当相报。」收晔家，乐器服玩，并皆珍丽，妓妾亦盛饰，母住止单陋，唯有一厨盛樵薪，弟子冬无被，叔父单布衣。晔及子蔼、遥、叔蒌、孔熙先及弟休先、景先、思先、熙先子桂甫、桂甫子白民、谢综及弟约、仲承祖、许耀，诸所连及，并伏诛。晔时年四十八。晔兄弟子父已亡者及谢综弟纬，徙④广州。蔼子鲁连，吴兴昭公主外孙，请全生命，亦得远徙，世祖即位得还。

注释 ①穷：深究。②出市：这里指赴刑场。③自蹈：自陷之意。④徙：流放之意。

译文 范晔本认为一经入狱，就会被立即处死，没想到皇帝对此案加以深究，拖了二十天都没有定夺。这时，范晔又幻想着自己能够活命。狱吏便戏弄他说：「外面传说你或许会被关在这长期监禁。」范晔听后又惊又喜。谢综和孔熙先讥笑他说：「你以前跟我们一起谋划事情时，都是振臂怒目非常有气概的。等到在西池射堂上，你跃马扬威左右顾盼，自认为是一代英雄豪杰。而现在怎么会如此纷乱，以致坐卧不宁，你怎么这样怕死！假设皇上让你活命，但你作为臣子图谋杀害君主，你有何面目活在世上？」范晔对卫狱将说：「可惜呀！这样的人居然被埋没。」卫狱将说：「不忠于国君的人，死了有什么可惜的。」范晔说：「大将说的是。」

将走向刑场时，范晔走在最前面，到监狱门前回头对谢综说：「今天出门受刑的次序也应当按照职位大小安排吗？」谢综说：「贼首应当在先。」一路上范晔有说有笑，始终没有停顿过。到了刑场，问谢综说：「行刑的时候快到了吧？」谢综说：「看情形过不很久了。」范晔吃过长休饭永别酒，又苦劝谢综。谢综说：「这又不同于得了重病，为什么要勉强吃饭。」范晔家人全都来到刑场，监刑官员问道：「要不要和家人相见？」范晔问谢综说：「家人已经来了，有机会能见一面，是不是要告别一下？」谢综说：「告别不告别，又何必在意。家人来了必定号啕大哭，只能扰乱我的思绪。」范晔说：「号啕哭泣和别人有什么关系，方才看路旁的亲友故旧远远望着我们，这也胜过不曾相见。我愿意同家人见面。」于是呼唤范晔家人前来。范晔的妻子最先来抚着她的儿子，回过头骂范晔说：「你不替婆婆的后半生着想，也不感激天子的恩遇，你自己死了还抵不上犯的罪，为何又屈杀了儿孙。」范晔干笑

着说：『罪已至此罢了。』范晔的生母哭着说：『主上对你的关照是宽厚无边的，你从来不知感恩图报，又不关心我已经年老，事到如今可怎么办？』并动手打范晔的脖子和面颊，范晔脸上没有愧怍的表情。妻子又说：『他是罪人，婆婆您就别惦记他了。』妹妹和妓妾来告别，范晔悲伤得泪流满面，谢综说：『舅父的表现根本不同于夏侯玄临刑前的面不改色。』范晔听了便收泪止哭。谢综的母亲认为是子弟们自己走上了逆乱的死路，只有她不肯出来相见。范晔对谢综说：『姐姐如今不肯来见，远胜过来见的人。』范晔很快醉了，儿子范蔼也醉了，他拾起土块和果皮拿来扔给范晔，喊了几十声，称范晔为别驾。范晔问道：『你恨我吗？』范蔼说：『今天还有什么理由来恨你，只是父子同日被杀，不能不悲伤而已。』范晔经常说人死之后，神魂便会消失，想要写作《无鬼论》；但这时却写了一封信给徐湛之说：『我死后要在阴间控告你。』可以看出，他的思想就是这样混乱。他又对人说：『捎话告诉何仆射，天下绝没有神仙鬼怪。如果人死有灵，自然会来报恩。』抄范晔家时，发现他家的乐器服饰玩物全都贵重华丽，妓妾的服饰也都美丽丰足；然而他母亲住的房子却简单粗陋，只有一间厨房堆满薪柴，侄子冬天没有被子盖，叔父只有单布衣衫。范晔和儿子范蔼、范遥、范叔蒌，孔熙先和他的弟弟孔休先、孔景先、孔思先、孔熙先的儿子孔桂甫、孔桂甫的儿子孔白民，谢综和弟弟谢约，仲承祖、许耀，凡是牵连到的，都一并被杀。范晔死时四十八岁。朝廷把范晔已死兄弟的儿辈和谢综的弟弟谢纬，都流放到广州。范蔼的儿子范鲁连，是吴兴昭公主的外孙，经过多次请求保全了性命，也被流放到边远山区，孝武帝即位后，被召回。

南齐书

二十四史精华

南朝梁·萧子显著

祖冲之传

祖冲之，字文远，范阳蓟人也。祖昌，宋大匠卿。父朔之，奉朝请①。冲之少稽古②，有机思③。宋孝武使直华林学省，赐宅宇车服。解④褐南徐州迎从事，公府参军。

注释 ①奉朝请：给予闲散大官的待遇。②稽古：研习古事。③有机思：思想机敏。④解：派任。

译文 祖冲之字文远，范阳郡蓟县人。祖父名昌，在刘宋时担任过大匠卿。父亲名朔之，给予闲散大官的待遇。冲之少年时代就研习古事，思想机敏。刘宋孝武帝把他安排在华林园省察工作，赐给他住宅、车马和衣物。又派他到南徐州任从事史，后来被调回中央任公府参军。

宋元嘉中用何承天所制历，比古十一家为密①，冲之以为尚疏，乃更造新法。上表曰：臣博访前坟②，远稽昔典，五帝躔次，三王交分，《春秋》朔气，《纪年》薄蚀，谈、迁载述，彪、固列志，魏世注历，晋代《起居》，探异今古，观要华戎③。书契④以降，二千余稔⑤，日月离会之征，星度疏密之验，专功耽思，咸⑥可得而言也。加以亲量圭尺，躬察仪漏，目尽毫厘，心穷筹策，考课推移，又曲备其详矣。然而古历疏舛，类不精密，群氏纠纷，莫审其会。寻何承天所上，意存改革，而置法简略，今已乖远。以臣校之，三睹厥谬，日月所在，差觉三度，二至晷景，几失一日，五星见伏，至差四旬，留逆进退，或移两宿。分至失实，则节闰非正；宿度违天，则伺察无准。

注释 ①比古十一家为密：比古代十一家历法为精密。②博访前坟：广泛搜访前人书籍。③观要华戎：考察总结了华族和少数民族的历法。④书契：有文字。⑤二千余稔：二千多年。⑥咸：全，都。

译文 刘宋元嘉时，所使用的历法为何承天所制《元嘉历》，比古代十一家的历法都要精密，可祖冲之认为还是粗疏，于是更造新的历法。他给皇帝上奏说：我广泛搜访前人书籍，深入研究古代经典，如五帝时的躔次，三王时的交分，《春秋》中的气朔，《竹书纪年》中的薄蚀，司马谈、司马迁的载述，班彪、班固的列志，曹魏时的注历，晋代的《起居注》，以寻求古今的不同，考察并总结了各民族的历法。有文字以来，两千多年，日、月相离相会的迹象，五星行度疏密之验证。我是专门下工夫入迷似地思考，都是能够得到而可讲述的。特别是我自己测量圭尺，亲自观察仪器和计时器漏，眼睛完全看到毫厘小数，心中进行计算，考查变迁，深入掌握了它历法的详情了。然而古代历法粗疏错误，大都不够精密，各家互相矛盾，

祖衝之像

他们未能研究出对它的理解。得到何承天所献上的历法，他虽有心改革，可是设置的法则简略，现在已经差远了。根据我的校验，看到它的三个错误：日月所在位置，发觉其差误有三度；冬至、夏至晷影长度几乎相差一天；五星见伏的日期，误差达到四十天，留逆进退，有的推移了两个星宿。春秋分夏冬至失去真实性，则节气置闰就不正确；宿度不与天象实际相符，则观察就不准。

臣生属圣辰，询逮在运，敢率愚瞽，更创新历。谨立改易之意①有二，设法②之情有三。改易者一：以旧法一章，十九岁有七闰，闰数为多，经二百年辄差一日。节闰既移，则应改法，历纪屡迁，实由此条。今改章法三百九十一年有一百四十四闰，令却合周、汉，则将来永用，无复差动。其二：以《尧典》③云『日短星昴，以正仲冬』。以此推之，唐世冬至日在今宿之左五十许度。汉代之初即用秦历，冬至日在牵牛六度。汉武改立《太初历》，冬至日在牛初。后汉四分法，冬至日在斗二十二。晋世姜岌以月蚀检日，知冬至在斗十七。今参以中星，课以蚀望，冬至之日在斗十一。通而计之，未盈百载，所差二度。旧法并令冬至日有定处，天数既差，则七曜宿度，渐与舛讹。乖谬既著，辄应改易。仅合一时，莫能通远。迁革不已，又由此条。今令冬至所在岁岁微差，却检汉注，并皆审密，将来久用，无烦屡改。又设法者，其一：以子为辰首，位在正北，爻应初九升气之端，虚为北方列宿之中。元气肇初，宜在此次。前儒虞喜，备论其义。今历上元日度，发自虚一。其二：以日辰之号，甲子为先，历法设元，应在此岁。而黄帝以来，世代所用，凡十一历，上元之岁，莫值此名。今历上元岁在甲子。其三：以上元之岁，历中众条，并应以此为始。而《景初历》交会迟疾，元首有差。又承天法，日月五星，各自有元，交会迟疾，亦并置差，裁得朔气合而已，条序纷错，不及古

意。今设法日月五纬交会迟疾，悉以上元岁首为始。群流共源，庶无乖误。

若夫测以定形，据以实效，悬象著明，尺表之验可推，动气幽微，寸管之候不忒。今臣所立，易以取信。但综核始终，大存缓密，革新变旧，有约有繁。用约之条，理不自惧，用繁之意，顾非谬然。何者？夫纪闰参差，数各有分，分之为体，非不细密，臣是用深惜毫厘，以全求妙之准，不辞积累，以成永定之制，非为思而莫知，悟而弗改也。若所上万一可采，伏愿颁宣群司，赐垂详究。

注释 ①谨立改易之意：意为谨慎建立改变的思想。②设法：即设置法则。③《尧典》：即《尚书·尧典》。

译文 我生逢圣明的时代，赶上好运气，敢于直率愚盲，重新创造历法。谨慎建立改变的思想有二点，设置法则的情况有三种。改变的第一点：按旧法一章，为十九年设有七闰，闰数多了，经过二百年就差一天。节气置闰既然变动，则相应改变闰法，日月运行轨道的分纪就屡次迁改，就是由于这一条。现在改章法为三百九十一年设有一百四十四闰，令其往前符合周代、汉代，那么将来就能永远使用，不会再出现差误变动。第二点：根据《尚书·尧典》所说『日短星昴，以正仲冬』。以此推之唐尧之世的冬至日，在现在星宿之左边差不多五十度。汉代初期，仍用秦代历法，冬至日在牵牛六度。汉武帝改革建立《太初历》，冬至日在牵牛初度。后汉的四分历，冬至日在斗宿二十二度。晋代的姜岌用月食检验日之所在，知道冬至日在斗宿十七之日，在斗宿十一度。通而计之，不满一百年，就差了二度。旧法都令冬至日有固定位置，天文数据既然差错，则日月五星的宿度，就逐渐出现错误。乖谬既然显著就要相应改变。这样做只能符合一时，而不能通行长久。以前的历法改来改去，就是由于这一条。现在使冬至所在位置岁岁微差，回过头检验汉代历法，都很审密，将来可永久使用，不必屡次修改。还有设置法则，其一，以子时为时辰之首，（从方向来说）子位在正北，卦爻应在初九为升气的开始，虚的北方七宿之中宿。元气的发端，应当在这个时刻。前代学者虞喜，详细讨论了其意义。我的历法上元度日，发端于虚宿。其二，用日辰之号子，甲子日为前导，历法设起算年（上元），应当在此年。但是黄帝以来，世代所用，总共有十一种历法，但『上元』之年，没有恰当的名称。我的历法上元那年在甲子。其三，以上元之年，历法中的众多条款，都应以此为（计算的）起点。可是《景初历》的交会有快有慢，历元的开始参差不齐。又如承天的历法，日月五星，各自有各自的历元，交会有快有慢，也都设置不同起点，只是求得朔气相合而已，条件次序纷繁错误，未达到古代的意境。现在设法使日月五星交会，都是以上元岁首为起点，众多支流有共同的源泉，就不会再有错误。

如果对定形进行测量，就得到真实效果。悬挂的星象显著明亮，用天表等仪器测验可推算，变动的气象虽不明显而微弱，可用径寸的竹管测量，不会有差错。现在我所建立的历法，容易使人取信。但是综合研究始终，大多存在不精密，所以需革新变旧，有简有繁。用简约的条款，道理上不必自我恐惧；用较繁复的部分，也不会有谬误。为什么？因为记闰不整齐，数据各有分数，把分数作为主体，并非不细密，我特别珍惜毫厘之类的小数，以达到全面准确。不去掉累积，以完成永久固定的制度，不是经思考而不知道，也不是明白了还不改。如果我所献上的历法万一可以采用，我希望颁发给各部门，给予详细考究。

事奏。孝武令朝士善历者难之①，不能屈②。会帝崩，不施行。出为娄县令，谒者仆射。

初，宋武平关中，得姚兴指南车，有外形而无机杼，每行，使人于内转之。升明中，太祖辅政，使冲之追修古法③。冲之改造铜机，圆转不穷，而司方如一④，马钧以来未有也。时有北人索驭驎者，亦云能造指南车，太祖使与冲之各造，使于乐游苑对共校试，而颇有差僻，乃毁焚之。永明中，竟陵王子良好古，冲之造欹器献之。

文惠太子在东宫，见冲之历法，启世祖施行，文惠寻薨，事又寝。转长水校尉，领本职。冲之造《安边论》，欲开屯田，广农殖。建武中，明帝使冲之巡行四方，兴造大业，可以利百姓者，会连有军事，事竟不行。

冲之解钟律，博塞当时独绝，莫能对者。以诸葛亮有木牛流马，乃造一器，不因风水，施机自运，不劳人力。又造千里船，于新亭江试之，日行百余里。于乐游苑造水碓磨，世祖亲自临视。又特善算⑤。永元二年，冲之卒。年七十二。著《易》《老》《庄》义，释《论语》《孝经》，注《九章》，造《缀述》数十篇。

注释 ①令朝士善历者难之：意为使知道历法的朝廷官员提出质难。②屈：驳倒。③追修古法：按古法修造。④司方如一：指示的方向不变。⑤又特善算：特别精通算数。

译文 上报给皇帝后，孝武帝令懂得历法的朝廷官员们提出质难，但没人能驳倒祖冲之。赶上孝武帝死了未能施行。祖冲之被派出去担任娄县令，又调回任谒者仆射。

当初宋武帝进军到长安时，缴获后秦姚兴时制作的指南车，有外部形状而没有机杼，每当出行，让人在车内旋转指向。到宋升明时，齐太祖萧道成辅佐朝政，让祖冲之按古代的理论建造指南车。祖冲之改用铜制机械，可以在任意转动下，而指示方向却保持不变，是三国时马钧以来所没有的。当

时有一位北方人索驭驎，也说能制造指南车，萧道成就让他与祖冲之各造一辆，让他们在京城的乐游苑相对同时进行校对试验，结果索驭驎的颇有偏差，于是被毁烧掉了。齐永明（四八三～四九三）中，竟陵王萧子良爱好古物，祖冲之制造了一件欹器献给他。

文惠太子萧长懋在东宫，看到了祖冲之的历法，启奏给齐武帝施行，但文惠太子不久死去，事情又被搁置。祖冲之转任长水校尉，兼领本职。他写作《安边论》奏章，建议开屯田，发展农殖。齐建武（四九四～四九八）中，明帝萧鸾派祖冲之巡行四方，兴造大的工程，可以有利于百姓，因为连年有战争，事情最终没有实行。

祖冲之懂得乐律学，做博塞游戏当时数他独绝，没有能和他匹敌的。他认为诸葛亮有木牛流马，于是也制造了一件器械，不依靠风、水，一开机关就能自己运行，不靠人力。又造千里船，在长江的新亭江段试验，一日能走一百多里。在乐游苑造水碓磨，齐世祖即武帝亲自到场观看。祖冲之又特别精通数学。永元二年，祖冲之去世，终年七十二岁。著《易经》《老子》《庄子》释义，注释《论语》《孝经》，注解《九章算术》，著《缀术》数十篇。

梁书

二十四史精华

唐·姚思廉著

陶弘景传

陶弘景，字通明，丹阳秣陵人也。初①，母梦青龙自怀而出，并见两天人手执香炉来至其所，已而有娠②，遂产弘景。幼有异操③。年十岁，得葛洪《神仙传》，昼夜研寻④，便有养生之志。谓人曰：『仰青云，睹白日，不觉为远矣⑤。』及长，身长七尺四寸，神仪明秀⑥，朗目疏眉，细形长耳。读书万余卷。善琴棋，工草隶。未弱冠，齐高帝作相，引为诸王侍读，除奉朝请。虽在朱门，闭影不交外物⑦，唯以披阅为务。朝仪故事，多取决焉。

注释 ①初：起初。②已而有娠：不久就怀孕了。③幼有异操：小时候有奇异之行。④昼夜研寻：白天黑夜地研读。⑤仰青云，睹白日，不觉为远矣：仰视云彩，观察太阳，觉得并不是遥远的事了。⑥神仪明秀：神态仪表出众。⑦闭影不交外物：关起门来不与其他人相来往。

译文 陶弘景字通明，丹阳秣陵人。起初，母亲做梦梦见青龙从怀中出来，并且还看见两位天人手拿着香炉来到她的房里，不久便怀孕了，于是生下了陶弘景。他小的时候就不同于一般人，十岁年纪，得到葛洪《神仙传》，白天黑夜地攻读，于是有了养生的志向。对人家说：『仰视青云，观看太阳，不觉得是很遥远的事了。』等到长大了，身高有七尺四寸，神态和仪表都很出众，眼睛明亮有神，眉毛宽广，身材修长，耳朵肥大。他读的书超过万卷。他善于抚琴下棋，工于草书隶书。还不到二十岁，齐高帝任相，把他封为诸王的伴读，并官拜奉朝请。虽然生活在贵族群中，但他将门关起来不与别人来往，只以看书为要事。朝廷规仪礼章等事，一般都向他请教决断。

永明十年，上表辞禄，诏许之，赐以束帛。及发①，公卿祖之于征虏亭，供帐甚盛，车马填咽，咸云宋、齐以来，未有斯事。朝野荣之。于是止于句容之句曲山。恒曰：『此山下是第八洞宫，名金坛华阳之天，周回一百五十里。昔汉有咸阳三茅君得道，来掌此山，故谓之茅山。』乃中山立馆②，自号华阳隐居。始从东阳孙游岳受符图经法。遍历名山，寻访仙药。每经涧谷，必坐卧其间，吟咏盘桓，不能已已。时沈约为东阳郡守，高其志节，累书要之③，不至④。

弘景为人，圆通谦谨，出处冥会，心如明镜，遇物便了，言无烦舛⑤，有亦辄觉⑥。建武中，齐宜都王铿为明帝所害，其夜，弘景梦铿告别，因访其幽冥中事，多说秘异，因著《梦记》焉。

注释 ①及发：等到他动身离开朝廷的时候。②中山立馆：

在山中建了座道馆。③累书要之：多次写信邀请他。④不至：不去。⑤言无烦舛：讲话也没什么矛盾。⑥有亦辄觉：即使有也马上发觉。

译文 永明十年，上表辞职，皇帝下诏同意，并赏赐丝帛。等到他动身离开朝廷的时候，公卿大夫设宴于征虏亭与之饯别，因设帐太多，车马把道路都填满了，都说宋、齐以来，还没有出现过这种事情，朝廷和民间都认为是件有面子的事情。从这以后，陶弘景居住在句容的句曲山，常说：『这座山下面是道教第八洞宫，名叫金坛华阳之天，周围有一百五十里，从前汉代有咸阳三茅君修炼得道，来掌管这座山，所以称之为茅山。』于是在山中建了一座道馆，自名为华阳隐居。开始跟随东阳孙游岳学习传授道符图经书道法，登访经历了许多名山，寻找访求仙药。每次经过山涧溪谷，一定端坐仰卧其间，吟咏盘旋，不能停止。当时沈约担任东阳郡太守，认为陶弘景志节高尚，多次写信向他提出邀请，但他都不去。

陶弘景为人圆通谦虚，小心谨慎，对事情的变化曲折，心中如镜子一样十分明白。遇到什么事情从不挂在心上，说话也没有什么过错，即使有也能很快发觉出来。建武年间，齐宜都王萧铿为齐明帝所杀害，那天夜里，陶弘景梦见萧铿来告别，因此搜访宜都王幽冥之间的事迹，大多讲的是神秘怪异之事，因此写下了《梦记》一书。

永元初，更筑三层楼，弘景处其上[①]，弟子居其中，宾客至其下，与物遂绝，唯一家僮得侍其旁。特爱松风，每闻其响，欣然为乐。有时独游泉石，望见者以为仙人。性好著述，尚奇异，顾惜光景[②]，老而弥笃[③]。尤明阴阳五行，风角星算，山川地理，方图产物，医术本草。著《帝代年历》，又尝造浑天象[④]，云『修道所须，非止史官是用』。义师平建康，闻议禅代，弘景援引图谶，数处皆成『梁』字，令弟子进之。高祖既早与之游，及即位后，恩礼逾笃，书问不绝，冠盖相望[⑤]。

天监四年，移居积金东涧。善辟谷导引之法，年逾八十而有壮容。深慕张良之为人，云『古贤莫比』。曾梦佛授其菩提记，名为胜力菩萨。乃诣鄮县阿育王塔自誓，受五大戒。后太宗临南徐州，钦其风素[⑥]，召至后堂，与谈论数日而去，太宗甚敬异之。大通初，令献二刀于高祖，其一名善胜，一名成胜，并为佳宝。大同二年，卒，时年八十五。颜色不变，屈申如恒。诏赠中散大夫，谥曰贞白先生，仍遣舍人监护丧事。弘景遗令薄葬，弟子遵而行之。

注释 ①弘景处其上：陶弘景居住在上层。②顾惜光景：珍惜时间。③老而弥笃：越老越发奋。④又尝造浑天象：曾经制造出浑浊的天象。⑤冠盖相望：达官贵人不断去到他

家。⑥钦其风素：钦佩他的清高作风。

译文 永元初年，又筑三层楼，陶弘景住在上面一层，弟子住中间一层，来访宾客则在下层，于是和外人都隔绝，只有一个家僮在身边侍候。他特别喜欢松风，每次听到松风声，就感到十分高兴愉快。有时他一个人游览泉石之间，看见的人认为是神仙。陶弘景本性喜欢著述，更追求奇异，爱惜时间，越老越勤奋。尤其了解阴阳五行、风角星算、山川地理、方图产物、医术本草。著有《帝代年历》，又曾经制造浑天象，说是『修炼道法所需要，不仅仅是史官才用』。义师平定建康，听说议论禅让帝位这件事，陶弘景援引图书谶文，多处都成『梁』字，让弟子进上，梁高祖早就与他有交往，等到即了帝位，恩情礼谊更加敦厚，写信问候没有间断，总有达官贵人不断地到他家去。

天监四年，他移居到茅山积金东边的水溪边。因擅长辟谷气功等养生方法，过了八十岁仍然显得青春年少。十分爱慕汉代张良的为人处世，称赞他『古代的贤人没有谁能比拟』。曾经做梦梦见佛传授给他菩提记，并称他为胜力菩萨。于是到鄮县阿育王塔去发誓表愿，接受五大戒。后来太宗来到南徐州，钦佩他的高风清名，召他到后堂之中，和他谈论了多日才离开，太宗十分敬佩叹异他。大通初年，派人送两把宝刀给梁高祖，一把名叫『养胜』，一把称『成胜』，都是难得的好宝

物。陶弘景于大同二年逝世，卒年八十五，死时颜色不变，弯曲伸直如平常一样，皇帝下诏赠号为中散大夫，谥称贞白先生，并派皇宫中的官吏监督照料丧事。陶弘景留下遗书要薄葬，弟子们遵照予以办理。

陈书

二十四史精华

唐·姚思廉著

吴明彻传

吴明彻，字通昭，秦郡人也。祖景安，齐南谯太守。父树，梁右军将军。明彻幼孤，性至孝，年十四，感坟茔未备，家贫无以取给，乃勤力耕种。时天下亢旱，苗稼①焦枯，明彻哀愤，每之田中，号泣，仰天自诉。居数日，有自田还者，云苗已更生，明彻疑之，谓为绐己，及往田所，竟如其言。秋而大获，足充葬用。时有伊氏者，善占墓，谓其兄曰：『君葬之日，必有乘白马逐鹿者来经坟所，此是最小孝子大贵之征。』至时果有此应，明彻即树之最小子也。

起家梁东宫直后。及侯景寇京师，天下大乱，明彻有粟麦三千余斛，而邻里饥馁，乃白诸兄曰：『当今草窃②，人不图久，奈何有此而不与乡家共之？』于是计口平分，同其丰俭，群盗闻而避焉，赖以存者甚众。

及高祖镇京口，深相要结③，明彻乃诣高祖，高祖为之降阶④，执手即席，与论当世之务。明彻亦微涉书史经传，就汝南周弘正学天文、孤虚、遁甲，略通⑤其妙，颇以英雄自许，高祖深奇之。

注释 ①苗稼：禾苗庄稼。②草窃：田间有窃贼。③要结：结好。④降阶：这里指对吴明彻的礼遇。⑤略通：大体通晓。

译文 吴明彻字通昭，秦郡人。祖父吴景安，在南齐朝任南谯郡太守。父亲吴树，在梁朝任右军将军。明彻幼年就成为孤儿，他本性极孝，十四岁时，感慨父亲死后，坟茔却没有修好，但家又贫穷，于是就努力勤奋地耕种。当时天下大旱，禾苗枯焦，明彻悲哀忧愤，常到田中呼号哀泣，对上天自诉自己的苦楚。过了几天，有人从田中来，说庄稼禾苗又已复活，明彻怀疑他的话，以为他是欺骗自己，等到了田中一看，竟然像那人讲的一样，禾苗确已复活。秋天大丰收，足够父亲安葬之用。当时有一个叫伊氏的人，善占卜墓葬之地，对明彻的兄长说：『你安葬父亲的那天，一定会有一个骑着白马追赶鹿的人经过坟地旁，这是最小的孝子大富贵的征兆。』到了那天，果然应验，明彻就是吴树最小的儿子。

明彻以布衣身份出仕梁朝的东宫直后。到侯景寇乱京城时，天下大乱，明彻家有粟麦粮食三千余斛，而乡里乡邻却挨饥受饿。他就对各位兄长说：『现今草野之间，多有盗贼，人人难以考虑长久，为什么我们家有这些粮食而不和邻里人家共同分享呢？』于是按人口计算平均分粮，或多或少都一同享用，盗贼们听说了这件事，就都避让走开了，靠这些粟麦活下来的人非常多。

陈高祖镇守京口时，十分诚恳地邀请结好吴明彻，明彻于是来投奔高祖，高祖亲自下台阶迎接，拉着手即席就座，与他讨论当世的天下事务。明彻也曾经稍读过一些经书史传，并曾跟从汝南人周弘正学过天文、孤虚、遁甲之术，大体上通晓其中的一些奥妙，所以言谈之中很有一股英雄自许的气概，高祖非常赏识他。

承圣三年，授戎昭将军、安州刺史。绍泰初，随周文育讨杜龛、张彪等。东道平，授使持节、散骑常侍、安东将军、南兖州刺史，封安吴县侯。高祖受禅，拜安南将军，仍与侯安都、周文育将兵讨王琳。及众军败没，明彻自拔①还京。世祖即位，诏以本官加右卫将军。王琳败，授都督武沅二州诸军事、安西将军、武州刺史，余并如故。周遣大将军贺若敦率马步万余人奄至武陵，明彻众寡不敌，引军巴陵，仍破周别军于双林。

天嘉三年，授②安西将军。及周迪反临川，诏以明彻为安南将军、江州刺史，领豫章太守，总督众军，以讨迪。明彻雅性刚直，统内不甚和，世祖闻之，遣安成王顼慰晓明彻，令以本号还朝。寻授镇前将军。

五年，迁镇东将军、吴兴太守。及引辞③之郡，世祖谓明彻曰：『吴兴虽郡，帝乡之重，故以相授。君其勉之！』及世祖弗豫，征拜中领军。

废帝即位，授领军将军，寻迁丹阳尹，仍诏明彻以甲仗四十人出入殿省。到仲举之矫令出高宗也，毛喜知其谋，高宗疑惧，遣喜与明彻筹焉。明彻谓喜曰：『嗣君谅暗，万机④多阙，外邻强敌，内有大丧。殿下亲实周、邵，德冠伊、霍，社稷至重，愿留中深计，慎勿致疑。』

及湘州刺史华皎阴有异志，诏授明彻使持节、散骑常侍、都督湘桂武三州诸军事、安南将军、湘州刺史，给鼓吹一部，仍与征南大将军淳于量等率兵讨皎。皎平，授开府仪同三司，进爵为公。太建元年，授镇南将军。四年，征为侍中、镇前将军，余并如故⑤。

注释 ①自拔：主动撤军。②授：任命。③引辞：即告辞。④万机：政务。⑤如故：跟以前一样。

译文 梁元帝承圣三年，吴明彻被任命为戎昭将军、安州刺史。梁敬帝绍泰初年，随周文育讨伐杜龛、张彪等。东道平定，授职使持节、散骑常侍、安乐将军、南兖州刺史，封安吴县侯。陈高祖受禅即皇帝位，封他为安南将军，仍与侯安都、周文育领兵讨伐王琳。及至各军被打败消灭，明彻却脱身回到京城。陈世祖即位，下诏明彻在本官上再加授右卫将军。王琳失败后，授职都督武州、沅州二州诸军事、安西将军、武州刺史，其余原有官职一并保留。北周派遣大将军贺若敦率领骑

兵、步军一万余人忽然到了武陵，明彻知道寡不敌众，退军到巴陵，但随即在双林击破北周的另一支军队。

天嘉三年，吴明彻被任命为安西将军。到周迪在临川反叛时，天子下诏书令明彻任安南将军、江州刺史，兼豫章太守，总督各路军队，讨伐周迪。明彻生性刚直，部属之间不大和睦，世祖知道后，派遣安成王陈顼劝慰晓谕明彻，令他以本官号的身份回朝。不久，被任命为职镇前将军。

天嘉五年，升任镇东将军、吴兴太守。到告辞赴任之时，世祖对他说：『吴兴虽是一郡，但却是皇帝的故乡而关系重大，所以才授任于你。你千万要尽心尽力啊！』当世祖身体有病时，即召他入朝廷任命为中领军。

废帝即位，任命他为领军将军，不久升任丹阳尹，又诏令明彻可置四十名卫士为仪仗，出入宫禁。到仲举假托皇帝诏书命令高宗出尚书省回东府，毛喜知道仲举等人的阴谋，高宗却犹豫惶恐，派毛喜与明彻筹划商讨怎么对付这件事。明彻对毛喜说：『皇上正居丧，国家的纷繁政务多，不能按时处理，外与强敌为邻，内有先帝之丧。殿下亲近帝室有如周公、邵公之与周成王，高尚的德行可超过古代的伊尹、霍光，国家社稷关系至为重大，希望殿下留在尚书省中详虑对策，千万不能因出朝回府而招致天下惊疑。』

当湘州刺史华皎阴谋作乱时，天子诏书任命明彻使持节、散骑常侍、都督湘州、桂州、武州三州诸军事，安南将军、湘州刺史，赐给鼓吹乐队一部，随即与征南大将军淳于量等人率兵讨伐华皎。华皎乱平，授职开府仪同三司，进爵位为公。陈宣帝（高宗）太建元年，授职镇南将军。四年，天子召为侍中、镇前将军，其余的封赏任命仍旧。

会朝议北伐，公卿互有异同，明彻决策请行。五年，诏加侍中、都督征讨诸军事，仍赐女乐一部。明彻总统众军十余万，发自京师，缘江城镇，相续降款①。军至秦郡，克其水栅。齐遣大将尉破胡将兵为援，明彻破走之，斩获不可胜计，秦郡乃降。高宗以秦郡明彻旧邑，诏具太牢，令拜祠上冢。文武羽仪甚盛，乡里以为荣。

进克仁州，授征北大将军，进爵南平郡公，增邑并前二千五百户。次平峡石岸二城。进逼寿阳，齐遣王琳将兵拒守。琳至，与刺史王贵显保其外郭。明彻以琳初入，众心未附，乘夜攻之，中宵而溃，齐兵退据相国城及金城。明彻令军中益修治攻具②，又迮③肥水以灌城。城中苦湿，多腹疾，手足皆肿，死者十六七④。会齐遣大将军皮景和率兵数十万来援，去寿春三十里，顿军⑤不进。诸将咸曰：『坚城未拔⑥，大援在近，不审明公计将安出？』明彻曰：『兵贵在速，而彼结营不进，自挫其锋，吾知其不敢战明

矣。』于是躬擐甲胄，四面疾攻，城中震恐，一鼓而克，生禽王琳、王贵显、扶风王可朱浑孝裕、尚书卢潜、左丞李騊駼，送京师。景和惶惧遁走，尽收其驼马辎重。琳之获也，其旧部曲多在军中，琳素得士卒心，见者皆歔欷不能仰视，明彻虑其有变，遣左右追杀琳，传其首。诏曰：『寿春者古之都会，襟带淮、汝，控引河、洛，得之者安，是称要害。侍中、使持节、都督征讨诸军事、征北大将军、开府仪同三司南平郡开国公明彻，雄图克举⑦，宏略盖世。在昔屯夷，缔构皇业，乃掩衡、岳，用清氛沴，实吞云梦，即叙⑧上游。今兹荡定，恢我王略，风行电扫，貔武争驰，月阵云梯，金汤夺险，威陵殊俗，惠渐边氓。惟功与能，元戎是属，崇麾广赋，茂典恒宜，可都督豫合建光朔北徐六州诸军事、车骑大将军、豫州刺史，增封并前三千五百户，余如故。』诏遣谒者萧淳风，就寿阳册明彻，于城南设坛，士卒二十万，陈旗鼓戈甲，明彻登坛拜受，成礼而退，将卒莫不踊跃焉。

注释 ①降款：即降服。②攻具：战具。③迮：拦堵。④十六七：十分之六七。⑤顿军：停兵之意。⑥拔：攻克。⑦克举：能够实现。⑧叙：安定。

译文 适逢朝廷商议北伐大事，公卿大臣彼此的意见不同，明彻决定同意北伐，并请求亲自领兵北行。五年，天子诏令他加任侍中，都督征讨诸军事，随后又赐给女乐一部。明彻总率各路军队十余万，从京城出发北伐，沿江敌人城镇，相继投降臣服。军队到了秦郡，攻克了它的水寨栅栏。北齐派遣大将尉破胡领兵援救，明彻击破了他，迫其逃遁，斩杀缴获不可胜计，秦郡终于投降。高宗因秦郡是明彻的故乡，诏令准备好太牢之礼，又命令军中兵将前往他家拜祭祖坟，文武官员旌旗仪仗壮丽盛大，乡亲邻里也为这件事感到光荣。

继续进军攻克了仁州，被任命为征北大将军，进爵位为南平郡公，增赐封邑与前有的共二千五百户。依次平定峡石旁两个城，进逼寿阳，北齐派遣王琳领兵拒守寿阳。王琳来到寿阳，与刺史王贵显保卫其外城。明彻因王琳初入寿阳，人心还没有归附于他，就乘黑夜发起进攻，结果王琳的士卒半夜溃散，齐兵退而据守相国城和金城。明彻命令军队增加修理制造攻城器械，又堵塞肥水淹灌敌城。城中被潮湿水汽所苦，人多得痢疾之病，手脚都浮肿，病死的十分之六七。正逢北齐派遣大将军皮景和率兵数十万来援，离寿春三十里，驻军不前。诸位将领都说：『坚固的寿阳城还未攻克，救援的大军就在近前，不知道明公有什么计策？』明彻说：『兵贵在于神速，而敌人却扎营不进，自己就挫折自己的锋锐之气，我知道他们分明是不敢交战啊。』于是亲自披戴甲胄，指挥四面急攻，城中军民震动惶恐，一鼓作气攻克了敌人城池，生擒了王琳、王贵

显、扶风王可朱浑孝裕、尚书卢潜、左丞李騊駼，押送京城。皮景和惶恐惧怕，逃遁而去，他的驼马辎重全部被陈军缴获。王琳被俘活捉时，他原来的部曲很多人仍在明彻军中，王琳平素很得士卒之心，看见他被俘的人都轻声哭泣，不忍抬头看他。明彻怕军心有变，派左右亲信追杀王琳，把他的头传送至京城。诏书说：『寿春是古代的都市，襟带淮水、汝水，控制黄河、洛水，得之则平安，所以称为要害之地。侍中、使持节、都督征讨诸军事、征北大将军、开府仪同三司南平郡开国公吴明彻，以盖世的雄图大略，一举收复之。当初世事艰险，帝业初创，明彻掩有衡岳之邦，澄清了凶杀之气，并吞有云梦之地，叙用于上游之镇。如今扫荡安定了北方，收复我国家疆土，进军速度如风行电扫之迅速，貔虎争驰之勇猛，攻占了坚固的城池，夺取险要之重地，威获之风震慑了远方，恩惠之德政泽及了边民。明彻的功劳与才能，可胜任主帅之职，高高的旗帜到处飘扬，美好的典制总合时宜，可授职明彻都督豫州、合州、建州、光州、朔州、北徐州六州诸军事，车骑大将军、豫州刺史，增加封邑与原有的封邑总计三千五百户，原有的爵职封赠依旧不变。』诏令派遣谒者萧淳风到寿阳册封明彻，在城南设坛，士卒二十万，陈设军旗战鼓干戈盔甲，明彻登上高坛拜受封赏，礼仪完毕后退下，全军将士无不为之雀跃欢呼。

初，秦郡属南兖州，后隶谯州，至是，诏以谯之秦、盱眙、神农三郡还属南兖州，以明彻故也。

六年，自寿阳入朝，舆驾幸其第，赐钟磬一部，米一万斛，绢布二千匹。

七年，进攻彭城。军至吕梁，齐遣援兵前后至者数万，明彻又大破之。八年，进位①司空，余如故。又诏曰：『昔者军事建旌，交锋作鼓，顷日讹替，多乖旧章②，至于行阵，不相甄别③。今可给司空、大都督铁钺龙麾，其次将各有差。』寻授都督南北兖南北青谯五州诸军事、南兖州刺史。

会周氏灭齐，高宗将事徐、兖，九年，诏明彻进军北伐，令其世子戎昭将军、员外散骑侍郎惠觉摄行州事。明彻军至吕梁，周徐州总管梁士彦率众拒战，明彻频破之，因退兵守城，不复敢出。明彻仍迮清水以灌其城，环列舟舰于城下，攻之甚急。周遣上大将军王轨将兵救之。轨轻行自清水入淮口，横流竖木，以铁锁贯车轮，遏断船路。诸将闻之，甚惶恐，议欲破堰拔军，以舫载马。马主裴子烈议曰：『若决堰下船，船必倾倒，岂可得乎？不如前遣马出，于事为允。』适会明彻苦背疾甚笃④，知事不济，遂从之，乃遣萧摩诃帅马军数千前还。明彻仍自决其堰，乘水势以退军，冀其获济。及至清口，水势渐微，舟舰并不得渡，众军皆溃，明彻穷蹙，乃就执。寻以忧愤遘疾⑤，卒于长安，时年六十七。

注释 ①进位：提升。②多乖旧章：违章的很多。③甄别：辨别。④笃：严重。⑤遘疾：得病。

譯文 以前，秦郡属南兖州，后又隶属谯州，到此时，天子诏令把谯州的秦郡、盱眙、神农三郡重新归属南兖州，这是因为吴明彻的缘故。

六年，从寿阳回朝，皇帝车驾临幸明彻府第，赐给钟磬之乐一部，米一万斛，绢布两千匹。

七年，进攻彭城。军进至吕梁，北齐派遣援兵先后来到的共几万人，明彻又彻底地打垮了他们。八年，晋升为司空，其他封赏仍旧。又诏令说：『从前军队设立旗旌，击鼓进军交锋作战时，不多久就混淆错乱，大多违背了旧有规章，在行阵之间，难以区别分清。现在可授给司空、大都督铁钺和龙旗，他属下的将领也按级别赐给相应的代表权威的象征物。』随即任命吴明彻为都督南北兖州、南北青州、谯州五州诸军事，南兖州刺史。

适逢周氏灭掉了北齐，陈高宗将要兴军于徐州、兖州。九年，诏令明彻进军北伐，令他的世子戎昭将军、员外散骑常侍吴惠觉代理南兖州刺史事务。明彻大军至吕梁，北周徐州总管梁士彦率众军拒战，明彻多次打败了他，士彦因此退兵守城，不敢再出战。明彻又引清水的河水来灌城，城下用舟舰团团围住，发动猛烈攻击。北周又派遣上大将军王轨领兵援救士彦。王轨轻装行进，从清水进入淮口，横越淮口之水竖木桩，在木桩上用铁锁锁住连贯的车轮，遏断船的航路。吴明彻的将领听说敌人如此设防，非常惶恐，纷纷议论要破坝撤军用船载装马匹。马主人裴子烈发表意见说：『如果决开坝堰，驶入船只，船定会倾倒，岂能实现此举的目的呢？不如先让马匹撤出，于事更妥当一些。』这时恰逢明彻害背痛病，痛得厉害，估计这次北伐成功不了，于是听从了裴子烈的建议，派遣萧摩诃带领数千骑兵先行撤退。然后，明彻乃亲自决开坝堰，乘水势涨溢撤退军队，希望此举能获成功。当退到了清口，水势逐渐衰弱下来，舟船战舰都不能渡过，众多军兵尽皆溃散，明彻陷入绝境，无计可施，于是被擒。不久因忧愤交加而得病，死在长安，时年六十七岁。

至德元年诏曰：『李陵矢竭，不免请降，于禁水涨，犹且生获，固知用兵上术，世罕其人。故侍中、司空南平郡公明彻，爰初蹑足，迄届元戎①，百战百胜之奇，决机决死之勇，斯亦侔②于古焉。及拓定淮、肥，长驱彭、汴，覆勍寇如举毛，扫锐师同沃雪，风威慑于异俗，功效著于同文。方欲息驾阴山，解鞍瀚海，既而师出已老，数亦终

奇，不就结缨之功，无辞入褚之屈，望封崤之为易，冀平翟之非难，虽志在屈伸，而奄中霜露，埋恨绝域，甚可嗟伤。斯事已往，累逢肆赦，凡厥罪戾，皆蒙洒濯③，独此孤魂，未沾宽惠，遂使爵土湮没，飨醊无主④。弃瑕录用，宜在兹辰，可追封邵陵县开国侯，食邑一千户，以其息惠觉为嗣。』

惠觉历黄门侍郎，以平章大宝功，授丰州刺史。

明彻兄子超，字逸世。少倜傥，以干略⑤知名。随明彻征伐，有战功，官至忠毅将军、散骑常侍、桂州刺史，封汝南县侯，邑一千户。卒，赠广州刺史，谥曰节。

注释 ①爰初蹑足，迄届元戎：从开始步入军队，到担任主帅。②侔：媲美之意。③凡厥罪戾，皆蒙洒濯：所有犯罪的都得到赦免。④飨醊无主：无人祭祀。⑤干略：才干谋略。

译文 至德元年，皇帝诏书说：『李陵箭矢用尽，难免请降，于禁因水势涨溢，还是被关羽活捉，由此可知用兵技巧达到上乘造诣的，古今之世少有其人。原侍中、司空南平郡公明彻，当初开始涉足行伍，直至担任主帅，有百战百胜之奇谋，决胜危机决心战死之勇猛，这也可与古人相当了。及至他开疆拓土、平定淮水肥水之域，长驱直入彭城汴水之地，覆灭强敌如举羽毛之轻，扫荡精锐如沸水融雪之易，威猛之风使异俗敌虏畏惧屈服，功绩昭著于我华夏同胞之间。他正想挺进阴山而停车休息，占领瀚海而解鞍散马，但随后因士气衰竭，运气也终究不佳，所以没有成就慷慨赴死的功名，不得不经受像被敌人装入口袋似的做俘虏的委屈。明彻希望能像当年秦穆公打败晋国而在崤山为以前被晋国杀死的将士堆土树立标记那样也能有「封崤」的机会，并憧憬平定北方的戎狄终究并非难事。虽说他的本心所想是大丈夫应能屈能伸，然而虽有卧薪尝胆之志，忽遭病发亡身之变，以至于含恨埋身于异国他乡，使报仇雪恨的打算成了终古遗恨，令人嗟叹。这事已成既往，此后多次大赦，所有罪人已受赦免，只有明彻的孤魂没有沾溉皇恩惠泽，得到宽宥，遂使他的赐爵封土之功湮灭埋没，不能得到酒食的祭奠。现在不计过失仍然封赏，可追封为邵陵县开国侯，食邑一千户，由他的儿子惠觉继承。』

惠觉做过黄门侍郎，因平定章大宝的功劳，被任命为丰州刺史。

明彻兄长之子吴超，字逸世。年轻时卓越不凡，以才干智谋知名于世。跟从明彻征伐，有战功，官做到忠毅将军、散骑常侍、桂州刺史，封汝南县侯，封邑一千户。去世之后，追封为广州刺史，谥号为『节』。

二十四史
精华
魏书
北齐·魏收著
綫裝國學館

魏书精华

释老志

道家之原，出于老子。其自言也，先天地生，以资万类。上处玉京，为神王之宗；下在紫微，为飞仙之主。千变万化，有德不德，随感应物，厥迹无常。授轩辕于峨嵋，教帝喾于牧德，大禹闻长生之诀，尹喜受道德之旨。至于丹书紫字，升玄飞步之经；玉石金光，妙有灵洞之说。如此之文，不可胜纪。其为教也，咸蠲去邪累，澡雪心神，积行树功，累德增善，乃至白日升天，长生世上。所以秦皇、汉武，甘心不息。灵帝置华盖于濯龙，设坛场而为礼。及张陵受道于鹄鸣，因传天宫章本千有二百，弟子相授，其事大行。齐祠跪拜，各成法道。有三元九府、百二十官，一切诸神，咸所统摄。又称劫数，颇类佛经。其延康、龙汉、赤明、开皇之属，皆其名也。及其劫终，称天地俱坏。其书多有禁秘，非其徒也，不得辄观。至于化金销玉，行符敕水，奇方妙术，万等千条，上云羽化飞天，次称消灾灭祸。故好异者往往而尊事之。

初文帝入宾于晋，从者务勿尘，姿神奇伟，登仙于伊阙之山寺。识者咸云魏祚之将大。太祖好老子之言，诵咏不倦。天兴中，仪曹郎董谧因献服食仙经数十篇。于是置仙人博士，立仙坊，煮炼百药，封西山以供其薪蒸。令死罪者试服之，非其本心，多死无验。太祖犹将修焉。太医周澹，苦其煎采之役，欲废其事。乃阴令妻货仙人博士张曜妾，得曜隐罪。曜惧死，因请辟谷。太祖许之，给曜资用，为造静堂于苑中，给洒扫民二家。而炼药之官，仍为不息。久之，太祖意少懈，乃止。

世祖时，道士寇谦之，字辅真，南雍州刺史赞之弟，自云寇恂之十三世孙。早好仙道，有绝俗之心。少修张鲁之术，服食饵药，历年无效。幽诚上达①，有仙人成公兴，不知何许人，至谦之从母家佣赁。谦之尝觐其姨，见兴形貌甚强，力作不倦，请回赁兴代己使役。乃将还，令其开舍南辣田。谦之树下坐算，兴垦一发致勤，时来看算②。谦之谓曰：『汝但力作，何为看此？』二三日后，复来看之，如此不已。后谦之算七曜，有所不了，惘然自失。兴谓谦之曰：『先生何为不怿？』谦之曰：『我学算累年，而近算《周髀》不合，以此自愧。且非汝所知，何劳问也。』兴曰：『先生试随兴语布之。』俄然便决③。谦之叹伏，不测兴之浅深，请师事之。兴固辞不肯，但求谦之为弟子。未几，谓谦之曰：『先生有意学道，岂能与兴隐遁？』谦之欣然从之。兴乃令谦之洁斋三日，共入华山。令谦之居一石室，自出采药，还与谦之食药，不复饥。乃将谦之入嵩山。有三重石室，令谦之住第二重。历年，兴谓谦之曰：『兴出后，当有人将药来。得但食之，莫为疑怪。』寻有人将药而至，皆是毒虫臭恶之物，谦之大惧出走。兴还问状，谦之具对，兴叹息曰：『先生未便得仙，政可为帝王师耳。』兴事谦之七年，而谓之曰：『兴不得久留，明日中应去。兴亡后，先生幸为沐浴，自当有人见迎。』兴乃入第三重石室而卒。谦之躬自沐浴。明日中，有叩石室者，谦之出视，见两童子，一持法服，一持钵及锡杖。谦之引入，至兴尸所，兴欻然而起，著衣持钵、执杖而去。先是，有京兆灞城人王胡儿，其叔父亡，颇有灵异。曾将胡儿至嵩高别岭，同行观望，见金室玉堂，有一馆尤珍丽，空而无人，题曰：『成公兴之馆』。胡儿怪而问之，其叔父曰：『此是仙人成公兴馆，坐失火烧七间屋，被谪为寇谦之作弟子七年。』始知谦之精诚远通，兴乃仙者谪满而去。

谦之守志嵩岳，精专不懈，以神瑞二年十月乙卯，忽遇大神，乘云驾龙，导从百灵，仙人玉女，左右侍卫，集止山顶，称太上老君。谓谦之曰：『往辛亥年，嵩岳镇灵集仙宫主，表天曹，称自天师张陵去世已来，地上旷诚，修善之人，无所师授。嵩岳道士上谷寇谦之，立身直理，行合自然，才任轨范，首处师位，吾故来观汝，授汝天师之位，赐汝《云中音诵新科之诫》二十卷。号曰「并进」』。言：『吾此经诫，自天地开辟已来，不传于世，今运数应出。汝宣吾《新科》，清整道教，除去三张伪法，租米钱税，及男女合气之术。大道清虚，岂有斯事。专以礼度为首，而加之以服食闭练。』使王九疑人长客之等十二人，授谦之服气导引口诀之法。遂得辟谷，气盛体轻，颜色殊丽。弟子十余人，皆得其术。

注释 ①幽诚上达：他的诚心将上天感动。②时来看算：不时来看寇谦之坐算。③俄然便决：一会儿就算完了。

译文 道家的本源，出自老子。他自己说，产生在天地形成以前，用来化育万事万物。在上居住在玉京，作为神王之宗；在下住在紫微，是飞仙的主宰。千变万化，有道德而不认为有道德，随着万物的变化而感应变化，它的影迹没有什么正常之态。在峨嵋传授轩辕，教授帝喾以统治之德，大禹听说了长生不死之诀，尹喜接受了道德的意旨。至于丹书紫字，是升玄飞仙的经典；玉石金光，是妙有灵洞的学说。像这样的文字，不可以记尽。它作为一种宗教，都是除去邪恶秽迹，清洁心神，积累善行道德，建立功勋事业，于是就会白日升天，长生在世上。所以秦始皇、汉武帝，心甘情愿去做而不停止。灵帝把华盖放在濯龙之上，设立坛场以为礼敬。等到张陵在鹄鸣山授道，因此传授天官章本一千二百人，弟子相互传授，这种事大

为流行。斋戒祭祀跪拜，都成为法道，有三元九府，百二十官，一切诸神都归其统领管理。又称『劫数』，与佛经很相似。像延康、龙汉、赤明、开皇一类，都是它的名字，等到他们劫数终止，称做是天和地都坏了。他们的书籍中有很多禁秘之事，不是道徒，不得随便观看。至于销化金子玉石，用符化水，奇妙的方术有万样千条。最上称羽化飞天，其次称消灾灭祸，所以喜欢奇异的人往往尊重并习行之。

当初文帝到晋朝为贵宾，跟从的人叫务勿尘，姿态神奇壮伟，在伊阙之山寺登道成仙道。知道的人都说魏国的神祚将会壮大。太祖喜欢老子的学说，讲诵吟咏不疲倦。天兴年中，仪曹郎董谧因献服食仙经数十篇，于是设置仙人博士，建立仙坊，煮炼各种药物，封西山用来供奉烧薪蒸药。让犯有死罪的人试着服用，因为那些人都不是本心，大多死去而没有效验。太祖仍然修持。太医周澹，认为道教煎煮开采的事情很苦，想废除这件事。于是暗地里让妻子买得仙人博士张曜的小妾，得到张曜隐藏的罪责。张曜害怕处死，因此请求辟谷，太祖同意，供给张曜器具费用，在宫苑中建造静室，并拨给打扫的人两家。而炼药的官吏，仍然没有停止，过了很久，太祖心中有些松懈，才停止。

世祖的时候，道士寇谦之，字辅真，南雍州刺史寇赞的弟弟，自称是寇恂之的十三世孙，早年喜欢仙道，有与世俗相绝的心愿。从少修炼张鲁的道术，服寒食散，吃炼丹药，经历多年而没有作用。他的诚心感动了上天，有位仙人叫成公兴，不知道是什么人，至寇谦之叔母家里做用人。谦之去探望他的姨，看见成公兴形象状貌很强壮，辛苦地劳动而不显疲倦，就请求让成公兴去为自己帮佣。等到要回家，让成公兴打开房舍南边的辣田。寇谦之在树下坐算，成公兴勤奋地开垦，不时来看寇谦之坐算。寇谦之说：『你只管拼命干活，为什么来看这些？』三天之后，又来看坐算，像这样一直没有停止。后来寇谦之计算七曜，有时不清楚，心中很失望。成公兴向谦之说：『先生为何不高兴？』谦之说：『我学算多年，但近来计算《周髀》不相合，因此而感到惭愧，但事情不是你所知道的，哪里用得着问？』成公兴说：『先生可以试着告诉我，让我来演算一下。』他一会儿就算清了。谦之感叹并佩服，不知道成公兴道行的深浅，请求他当自己的老师。成公兴坚决推辞不肯，只愿意当寇谦之弟子。不久，对寇谦之说：『先生有意学道，能不能和我一起归隐？』寇谦之很高兴地同意了。成公兴于是让寇谦之斋戒三天，一起到华山。成公兴让谦之住石室，自己外出采药，回来让寇谦之吃药，不再饥饿。于是带着寇谦之到嵩山。有三重石室，让寇谦之住第二重。过了年，成公兴对寇谦之说：『我出去后，将会有人送药来，拿到后只管吃，不要感到奇怪。』不久有人送药来了，都是些毒虫腐臭之类的东西，寇谦之十分害怕地逃走了。成公兴回来后问情况，谦之把情况说了，成公兴叹息说：『先生不可能做神仙，只可作为帝王的老师了。』成公兴事奉寇谦之七年，于是对他说：『我不能久留，明天中午会离去。我死后，先生自己沐浴，会有人迎接。』成公兴于是进入第三重石室逝去了。寇谦之自己沐浴，第二天中午，有叩石室门的人，谦之出去看，看见两个童子，一个拿着法服，一个拿着钵和锡杖。谦之引进门，到成公兴尸体之处，成公兴慢悠悠地起来，穿上法服带着钵，拿着锡杖走了。以前，京兆灞城人王胡儿，他的叔父死了，很有些灵异。曾经将胡儿放在嵩高别岭上，一起行走观望，看见金室玉堂，有一个馆尤其珍贵华丽，里面是空的，于是进入，题名为『成兴公之馆』。胡儿感到奇怪于是问叔父，他的叔父说：『这是仙人成公兴的馆，因为犯了火烧七间屋的罪过，被下谪做寇谦之七年的弟子。』这时才知道谦之精诚通达甚远，成兴公是神仙被谪满以后才离开的。

寇谦之守志在嵩岳，精诚专门没有松懈，在神瑞二年十月乙卯，突然碰到大神，乘云驾龙，百灵带路，仙人玉女，左右侍卫，停集在山顶上。称为太上老君者对寇谦之说：『以前辛亥年，嵩岳镇灵集仙宫主，上表天曹，说自从天师张道陵去世以后，地上很久没有职位了，修善的人，没有什么师承传授。嵩岳道士上谷寇谦之，立身端直有理，行为和自然相合，才能可做楷模，处于老师之首。所以我来看你，授给你天师的位置，赐给《云中音诵新科之诫》二十卷，号称「并述」。』又说：『我这个经诫，自从天地开辟以来，没有传于世，现在是运数应该出来了。你宣传我的《新科》，用来清理整顿道教，除掉三张的伪旧之法，以及租米钱税，男女合气的法术。大道贵在清虚，不应该有这种事。应该专门以礼度为首务，而辅以服食闭练。』让王九疑人长客之等十二人，传授寇谦之服气导引口决之法，于是得以辟谷，气盛体轻，颜色十分美丽，弟子十多人，都得到他的法术。

泰常八年十月戊戌，有牧土上师李谱文来临嵩岳，云：老君之玄孙，昔居代郡桑乾，以汉武之世得道，为牧土宫主，领治三十六土人鬼之政。地方十八万里有奇，盖历术一章之数也。其中为方万里者有三百六十方。遣弟子宣教，云嵩岳所统广汉平土方万里，以授谦之。作诰曰：『吾处天宫，敷演真法，处汝道年二十二岁，除十年为竟蒙①，其余十二年，教化虽无大功，且有百授之劳。今赐汝迁入内宫，太真太宝九州真师、治鬼师、治民师、继天师四录。修勤不懈，依劳复迁②。赐汝《天中三真太文录》，劾召百神，以授弟子。《文录》有五等，一曰阴阳太官，二曰正府真官，三曰正房真官，四曰宿宫散官，五曰并进

录主。坛位、礼拜、衣冠仪式各有差品。凡六十余卷，号曰《录图真经》。付汝奉持，辅佐北方泰平真君，出天宫静轮之法。能兴造克就，则起真仙矣。又地上生民，末劫垂及，其中行教甚难。但令男女立坛宇，朝夕礼拜，若家有严君，功及上世。其中能修身练药，学长生之术，即为真君种民。』药别授方，销练金丹、云英、八石、玉浆之法，皆有决要。上师李君手笔有数篇，其余，皆正真书曹赵道复所书。古文鸟迹，篆隶杂体，辞义约辩，婉而成章。大自与世礼相准，择贤推德，信者为先，勤者次之。又言二仪之间有三十六天，中有三十六宫，宫有一主。最高者无极至尊，次曰大至真尊，次天复地载阴阳真尊。次洪正真尊，洪赵名道隐，以殷时得道，牧土之师也。牧土之来，赤松、王乔之伦，及韩终、张安世、刘根、张陵，近世仙者，并为翼从。牧土命谦之为子，与群仙结为徒友。幽冥之事，世所不了，谦之具问，一一告焉。《经》云：佛者，昔于西胡得道，在四十二天，为延真宫主。勇猛苦教，故其弟子皆髡形染衣，断绝人道，诸天衣服悉然。

始光初，奉其书而献之，世祖乃令谦之止于张曜之所，供其食物。时朝野闻之，若存若亡，未全信也。崔浩独异其言，因师事之，受其法术。于是上疏，赞明其事曰：『臣闻圣王受命，则有天应。而《河图》《洛书》，皆寄言于虫兽之文。未若今日人神接对，手笔粲然，辞旨深妙，自古无比。昔汉高虽复英圣，四皓犹或耻之，不为屈节。今清德隐仙，不召自至。斯诚陛下侔踪轩黄，应天之符也，岂可以世俗常谈，而忽上灵之命。臣窃惧之。』世祖欣然，乃使谒者奉玉帛牲牢，祭嵩岳，迎致其余弟子在山中者。于是崇奉天师，显扬新法，宣布天下，道业大行。浩事天师，拜礼甚谨。人或讥之。浩闻之曰：『昔张释之为王生结袜，吾虽才非贤哲，今奉天师，足以不愧于古人矣。』及嵩高道士四十余人至，遂起天师道场于京城之东南，重坛五层，遵其新经之制。给道士百二十人衣食，齐肃祈请，六时礼拜，月设厨会数千人。

世祖将讨赫连昌，太尉长孙嵩难之，世祖乃问幽征于谦之。谦之对曰：『必克。陛下神武应期，天经下治，当以兵定九州，后文先武，以成太平真君。』真君三年，谦之奏曰：『今陛下以真君御世，建静轮天宫之法，开古以来，未之有也。应登受符书，以彰圣德。』世祖从之。于是亲至道坛，受符录。备法驾，旗帜尽青，以从道家之色也。自后诸帝，每即位皆如之。恭宗见谦之奏造静轮宫，必令其高不闻鸡鸣狗吠之声，欲上与天神交接，功役万计，经年不成。乃言于世祖曰：『人天道殊，卑高定分。

今谦之欲要以无成之期，说以不然之事，财力费损，百姓疲劳，无乃不可乎？必如其言，未若因东山万仞之上，为功差易。』世祖深然恭宗之言，但以崔浩赞成，难违其意，沉吟者久之，乃曰：『吾亦知其无成，事既尔，何惜五三百功。』

九年，谦之卒，葬以道士之礼。

注释 ①竞蒙：启蒙。②依劳复迁：有传授之功劳。

译文 泰常八年十月戊戌，有牧土上师李谱文来到嵩岳，说老君的后代孙子，以前住在代郡桑乾，在汉武之世得道，成为牧土宫主，统领三十六土人鬼的政务。土地方圆十八里多，大概是历术一章的数字。其中为方万里的有三百六十方，派弟子宣传教义，说：嵩岳所统的广汉平土方万里，用来授予寇谦之。作诰文说：『我住在天宫，敷演真法，考虑到你布道二十二年，除去十年为启蒙，其余十二年，教化虽然没有什么大功，但有传授的苦劳。现赐你进入内宫，太真太宝九州真师、治鬼师、治民师、继天师四录，要勤修不懈有传授的功劳。赐给你《天中三真太文录》，召致百神，以传授弟子。《文录》有五等，一叫阴阳太官，二叫正府真官，三叫正房真官，四叫宿宫散官，五叫并进录主。坛位、礼拜、衣冠仪式都有差级品位。总共六十卷，号称《录图真经》，交付你奉持，辅佐北方泰平真君。出天宫静轮之法。能兴造建就，则是真仙了。又地上的生民，末劫将来，在其中行教很困难。只有命令男男女女建立坛宇，从早到晚礼拜，像家里有父亲，功业能达到上一代。其中能够修身炼药，学习长生之术，就是真君种民。』药另外传授有方，销炼金丹，云英、八石、五浆的方法，都有要诀，上师李君手笔有数篇，其他都是楷书官赵道覆所写。古文鸟迹，篆隶杂体，辞旨意义简约说理，委婉成章，大致和世俗之礼相同，选择贤明有德的人，有信仰的优先，勤奋的居次。又说天地二仪之间有三十六天，其中有三十六宫，每宫有一宫主。最高的称无极至尊，其次称大至真尊，再次天覆地载阴阳真尊，次洪正真尊，姓道名道隐，在殷时得道，是牧土的老师。牧土为了以后，赤松、王乔一类的人物，以及韩终、张安世、刘根、张陵，近代成仙的，都跟随附从。牧土把寇谦之当作儿子，让他和群仙结为学徒朋友。幽冥之间的事情，世上不一定清楚，谦之详细问询，都一一回答。《经》说：佛，从前在西胡得道，在三十二天，是延真宫主。勇猛苦救，他的弟子都剃发染衣，断绝正常人道，诸天衣服都是这样。

始光初年，谦之奉持他的书向上贡献，世祖于是让谦之住在张曜的地方，供给他食物。当时朝廷、民间听说，或存或亡，没有全部相信的。崔浩独独感到奇异，因此师事寇谦之，并接受他的法术。于是上疏，赞叹表明这事说：『我听说圣上受命，就有天人感人。因此《河图》《洛书》，都把要说的寄

存在虫兽一类的文字上，不像今天人和神仙相接对，笔迹都很明白，文辞意义很深远，从古都没有人可以相比。从前汉高祖虽然很英明神武，四皓仍然感到耻辱，不向他屈膝。现在清明之德的隐逸神仙，不用召唤而亲自来到，这确实是陛下可以赶上轩辕、黄帝，是感应上天的符瑞，怎么可以当作普通世俗之谈，却忽略上天的命令，下臣私下里感到害怕。』世祖听了很高兴，于是派使者带着玉帛及牲兽太牢等祭品，祭祀嵩岳，迎请在山中的其他弟子。于是崇敬信奉天神，显扬新的道法，宣布天下，道业大行。崔浩事奉天师，拜敬礼信很严。有的人讥笑他，崔浩听说后讲：『从前张释之为王先生织袜子，我虽然并不是什么贤者哲人，现在敬奉天师，也可以不愧对古人了。』等到嵩高道士四十多人来到，于是设立天师道场在京城的东南，重叠有五层，按照新出经典的制度，供给道士一百二十多人衣服食用，一齐严肃地祈求，六时礼拜，每月设厨会时有数千人。

世祖要讨伐赫连昌，太尉长孙嵩阻拦他，世祖于是向寇谦之询问事情的征兆。寇谦之说：『一定会胜利。陛下神武应天期，天经地义地统治天下，应当用兵平定九州，先用武功后施文治，用来成为太平真君。』真君三年，寇谦之上奏说：『现在陛下您以真君统治天下，建立静轮天宫之法，自古以来，从来没有过。应该马上接受符书，用来彰明圣德。』世祖听从，于是亲自到道场，接受符箓，准备法驾，旗帜都是青色的，用来顺从道家的颜色。这以后的几位皇帝，每次即位都按这套办。恭宗看见寇谦之上奏建造静轮宫，一定想让官高到听不到鸡狗的声音，想从上和天神相接，费工征役按万计，过一年还建不成。于是对世祖说：『人和天道不同，高和低有定分。现在寇谦之想要无法成功的期限，说是不可能的事情，财产物力损耗花费，百姓疲劳，不是太不应该吗？一定像他所说的，不如借助东山万仞之高，作办道功也就差不多了。』世祖深深地感到恭宗的话很对，但是因为崔浩赞成，难以违背他的意思，沉默了许久，才说：『我也知道这件事情不成，事情既然这样了，何必爱惜那三五百个工呢？』

九年，寇谦之逝去，按道士的礼节安葬。

北齐书

二十四史 精华

唐·李百药著

杨愔传

杨愔，字遵彦，小名秦王，弘农华阴人。父津，魏时累为司空侍中。愔儿童时，口若不能言，而风度深敏①，出入门闾②，未尝戏弄。六岁学史书，十一受《诗》《易》，好《左氏春秋》。幼丧母，曾诣③舅源子恭。子恭与之饮。问读何书，曰：『诵《诗》。』子恭曰：『诵至《渭阳》未邪。』愔便号泣感噎，子恭亦对之歔欷，遂为之罢酒。子恭后谓津曰：『常谓秦王不甚察慧，从今已后，更欲刮目视之。』愔一门四世同居，家甚隆盛，昆季就学者三十余人。学庭前有柰树，实落地，群儿成争之，愔颓然独坐。其季父暐适入学馆，见之大用嗟异，顾谓宾客曰：『此儿恬裕，有我家风。』宅内有茂竹，遂为愔于林边别葺④一室，命独处其中，常以铜盘具盛馔以饭之。因以督厉诸子曰：『汝辈但如遵彦谨慎，自得竹林别室、铜盘重肉之食。』愔从父兄黄门侍郎昱特相器重，曾谓人曰：『此儿驹齿未落，已是我家龙文。更十岁后，当求之千里外。』昱尝与十余人赋诗，愔一览便诵，无所遗失。及长，能清言⑤，美音制，风神俊悟，容止可观，人士见之，莫不敬异⑥，有识者多以远大许之。

注释 ①深敏：即深沉机敏。②出入门闾：家里家外之意。③诣：拜访之意。④别葺：建造房子。⑤能清言：善于清谈。⑥敬异：既敬重又感到惊奇。

译文 杨愔，字遵彦，小名叫秦王，是弘农郡华阴县人。他父亲杨津，在北魏时做官，官至司空、侍中。杨愔小时候，似乎不太会说话，但风度深沉机敏，家里家外，从未做过什么顽皮的事。六岁开始学习历史著作，到十一岁，就跟老师学习《诗经》《周易》，喜爱《左传》。母亲在他幼年时就去世了，有一次他去拜访舅舅源子恭，源子恭和他一起喝酒，问他在读什么书，他回答说：『诵读《诗经》。』源子恭问：『读到《渭阳》篇没有？』杨愔顿时放声大哭，哽咽不已，源子恭也伤心地相对抽泣，酒再也喝不下去了。源子恭事后对杨津说：『以前常说秦王不怎么聪明，从今以后，应当对他刮目相看。』杨愔一家四代人生活在一起，家业极其兴盛，兄弟辈一起读书的就有三十多人。学馆院子前面有柰树，果实掉下来时，小孩们都去争抢，他一个人却独坐在一旁。他的小叔父杨暐碰巧在学馆碰见这一情况，大加感叹，认为这种行为很特别，回过头对客人们说：『这孩子淡定自足，具有我们家族的风尚。』住宅里有一片茂密的竹林，于是特为杨愔一人在竹林边修建一间屋子，经常用铜盘装着丰盛的食物给他吃。因此督促其他男孩说：『你们只要能像遵彦那样谨慎小心，自然会得到独住的竹林小屋，也会得到铜盘盛的美食。』杨愔堂兄、黄门侍郎杨昱对他特别器重，曾对人说：『这孩子乳齿未脱，已成为我家的龙文名驹，再过十年，必当一跃千里。』杨昱曾与十多个人一起作诗，杨愔只要看过一遍就能马上背下来，一点也没有遗漏的。成年以后，他更是善于清谈，声音优美，风度超凡脱俗，容貌举止可观。声望很高的人见了他，既敬重又很惊奇，见识多的认为他前途无量。

正光中，随父之并州。性既恬默①，又好山水，遂入晋阳西悬瓮山读书。孝昌初，津为定州刺史，愔亦随父之

楊遵彥像

职。以军功除羽林监，赐爵魏昌男，不拜。及中山为杜洛周陷，全家被囚絷。未几，洛周灭，又没葛荣，荣欲以女妻之，又逼以伪职。愔乃托疾，密含牛血数合，于众中吐之，仍佯②喑不语。荣以为信然，乃止。永安初，还洛，拜通直散骑侍郎，时年十八。元颢入洛，时愔从父兄侃为北中郎将，镇河梁。愔适至侃处，便属乘舆失守，夜至河。侃虽奉迎车驾北渡，而潜欲南奔，愔固③谏止之。遂相与扈从达建州。除通直散骑常侍。愔以世故未夷④，志在潜退，乃谢病，与友人中直侍郎河间邢邵隐于嵩山。

及庄帝诛尔朱荣，其从兄侃参赞帷幄。朝廷以其父津为并州刺史、北道大行台，愔随之任。有邯郸人杨宽者，求义从出藩，愔请津纳之。俄而孝庄幽崩⑤，愔时适欲还都，行达邯郸，过杨宽家，为宽所执⑥。至相州，见刺史刘诞，以愔名家盛德，甚相哀念，付长史慕容白泽禁止焉。遣队主巩荣贵防禁送都。至安阳亭，愔谓荣贵曰：『仆家世忠臣，输诚魏室，家亡国破，一至于此。虽曰囚虏，复何面目见君父之仇。得自缢于一绳，传首而去，君之惠也。』荣贵深相怜感，遂与俱逃。愔乃投高昂兄弟。

注釋 ①恬默：恬淡文静。②佯：假装之意。③固：坚决。④世故未夷：这里指世道还未太平之意。⑤幽崩：即被囚禁而死。⑥所执：被拘留。

译文 正光年间，杨愔随父亲去并州。由于他本性恬淡文静，喜欢山水景致，于是就到晋阳西面的悬瓮山读书。孝昌初年，杨愔父亲转任定州刺史，因而跟父亲来到定州任所。因军功补授以羽林监，赐爵魏昌男，杨愔没有接受。后中山城被叛乱的杜洛周攻克，杨愔全家都被关押起来。不久，杜洛周灭亡，杨愔被葛荣所获，葛荣想把女儿嫁给他，又逼他接受自己委任的官职。杨愔便称自己有病，暗中口含着几口牛血，在大庭广众中吐出来，并装哑不说话。葛荣认为他确实有病，才没强迫他。魏孝庄帝永安初年，杨愔回到洛阳，被任命为通直散骑侍郎，当时他十八岁。元颢在梁军的保护下进据洛阳，这时杨愔的堂兄杨侃任北中郎将，镇河梁。杨愔刚好到杨侃那儿，便遇到孝庄帝放弃洛阳，夜间来到黄河边上。杨侃虽然迎接孝庄帝一行向北渡过黄河，但暗地里却想向南投奔元颢，杨愔坚决加以劝阻。于是两人一起随孝庄帝到达建州。杨愔被任命为通直散骑常侍。但因世道变故还未平息，于是称病辞职，与朋友中直侍郎河间邢劭到嵩山隐居，归隐山林躲避退隐。

孝庄帝杀尔朱荣时，杨愔的堂兄杨侃参与谋议。朝廷任命杨津为并州刺史、北道大行台，杨愔随父到任。那时有个邯郸人叫杨宽，请求自备资粮随杨津到并州镇守，杨愔请杨津收纳杨宽。不久孝庄帝被囚禁而死，杨愔当时正好要回都城洛阳，到达邯郸，到杨宽家中拜访，却被杨宽拘留。杨宽送他投奔相州刺史刘诞，刘诞因杨愔出身名门，德行极高，很赏识，便让长史慕容白泽把他软禁起来。后派巩荣贵带队把杨愔监送到都城去。到达安阳亭时，杨愔对巩荣贵说：『我家世代都是忠臣，对魏朝忠心耿耿，现在国家破败，家族散亡，落到现在这种地步。我虽说是囚犯，哪里有脸去见我君父的仇人。还不如用一根绳子自杀，麻烦你把我的头送去，便是你给我施的恩惠了。』巩荣贵被他的言语深深感动，很怜悯他，便决定跟他一起逃跑。杨愔于是投靠高昂兄弟。

既潜窜①累载，属神武至信都，遂投刺辕门。便蒙引见，赞扬兴运，陈诉家祸，言辞哀壮，涕泗横集，神武为之改容。即署行台郎中。大军南攻邺，历杨宽村，宽于马前叩头请罪。愔谓曰：『人不识恩义，盖亦常理，我不恨卿，无假②惊怖。』时邺未下，神武命愔作祭天文，燎毕而城陷。由是转大行台右丞。于时霸图草创，军国务广，文檄教令，皆自愔及崔㥄出。遭离家难，以丧礼自居，所食唯盐米而已，哀毁骨立。神武愍之③，恒相开慰④。及韩陵之战，愔每阵先登，朋僚咸共怪叹曰：『杨氏儒生，今遂为武士，仁者必勇，定非虚论。』

顷之，表请解职还葬。一门之内，赠太师、太傅、丞相、大将军者二人，太尉、录尚书及中书令者三人，仆

射、尚书者五人，刺史、太守者二十余人。追荣之盛⑤，古今未之有也。及丧柩进发，吉凶仪卫亘二十余里，会葬者将万人。是日隆冬盛寒，风雪严厚，愔跣步号哭，见者无不哀之。寻征赴晋阳，仍居本职。

注释 ①潜窜：这里指到处流亡。②无假：不用。③愍之：怜悯他。④开慰：开导。⑤追荣之盛：指追赠仪式非常盛大。

译文 杨愔到处流亡了几年，又碰到北齐神武帝高欢率军到信都，于是他来到营门把自己的名片呈递上去，当即就受到接见。杨愔称颂国家中兴，诉说自己家族所遇到的祸难，言语悲痛而有气势，眼泪滚滚流下，神武帝听后也不禁为他改变仪容。立即委任他为行台郎中。大军向南攻打邺城，途经杨宽居住的村庄，杨宽在杨愔的马前叩头请罪。杨愔对他说：『世上有人不知什么叫恩德道义，这也是很寻常的事，我并不恨你，你也用不着害怕。』当时邺城还未攻下，神武帝命令杨愔撰写祭天的祭文，刚祭祀完毕，邺城便被攻克。杨愔因此升任大行台右丞。当时神武帝开创大业，军政事务很多，各种公文都是由杨愔和崔砥撰写的。杨愔遭受一连串的打击，自行按礼制守丧，就只吃加盐的米饭，以致骨瘦如柴。神武帝哀怜他，经常对他进行开导。后来，在韩陵那次战役中，每次作战杨愔都冲在前面，他的朋友和同僚们很奇怪，感叹说：『姓杨的本是儒生，现在居然成了武士，仁德的人必然勇敢，这确实不是一句空话啊。』

随后，杨愔上表请求辞去职务回乡安葬在灾难中逝世的亲属。一家人中，赠太师、太傅、丞相、大将军的有两人，赠太尉、录尚书事和中书令的有三人，赠尚书仆射、尚书的有五人，赠刺史、太守的达二十多人。追赠仪式非常盛大，古今未有。在去往墓地时，送葬的仪仗绵延二十多里地，前来参加葬礼的将近一万人。那天正值严冬，寒冷刺骨，风雪交加，杨愔赤着双脚，号哭着送葬，凡是看到这一情景的人，没有一个不伤心的。不久他被召回到晋阳，继续担任原来的职务。

愔从兄幼卿为岐州刺史，以直言忤旨①见诛。愔闻之悲惧，因哀感发疾，从取急②就雁门温汤疗疾。郭秀素害③其能，因致书恐之曰：『高王欲送卿于帝所。』仍劝其逃亡。愔遂弃衣冠于水滨若自沉者，变易名姓，自称刘士安，入嵩山，与沙门昙谟征等屏居削迹④。又潜之光州，因东入田横岛，以讲诵为业，海隅之士，谓之刘先生。太守王元景阴佑之。

神武知愔存，遣愔从兄宝猗赍书慰喻，仍遣光州刺史奚思业令搜访，以礼发遣。神武见之悦，除太原公开府司马，转长史，复授大行台右丞，封华阴县侯，迁给事黄

门侍郎，妻以庶女。又兼散骑常侍，为聘梁使主。至碻磝戍，州内有愔家旧佛寺，入精庐礼拜，见太傅⑤容像，悲感恸哭，呕血数升，遂发病不成行，舆疾还邺。久之，以本官兼尚书吏部郎中。武定末，以望实之美，超拜吏部尚书，加侍中、卫将军，侍学典选如故。

天保初，以本官领太子少傅，别封阳夏县男。又诏监太史，迁尚书右仆射。尚太原长公主，即魏孝静后也。会有雉集其舍，又拜开府仪同三司、尚书右仆射，改封华山郡公。九年，徙尚书令，又拜特进、骠骑大将军。十年，封开封王。文宣之崩，百僚⑥莫有下泪，愔悲不自胜。济南嗣业，任遇益隆，朝章国命，一人而已，推诚体道⑦，时无异议。乾明元年二月，为孝昭帝所诛，时年五十。天统末，追赠司空。

注释 ①忤旨：违背旨意。②取急：即请急假。③害：极度之意。④屏居削迹：隐居之意。⑤太傅：即父亲。⑥百僚：即百官。⑦推诚体道：以诚心待人，躬行正道。

译文 杨幼卿是杨愔的堂兄，在任岐州刺史时因言语耿直违背齐王旨意而被杀害。杨愔听到消息后，既悲痛又恐惧以至于患病在身，于是请急假到雁门温泉去治疗。郭秀平时就妒忌杨愔的才能，趁机写信恐吓他说：『高王想把你拘拿到魏帝那儿去。』并劝他逃走。杨愔便把自己的衣服和帽子扔在水边，仿佛自己投水自尽了，然后改变姓名，自称刘士安，到嵩山，与僧人昙谟征等一起隐居，不与外界联系。又暗中到光州，向东到田横岛，以教书谋生。海边一带的士人称他叫刘先生。太守王元景也在暗地里保护他。

神武帝知道杨愔活着后，就派他的堂兄杨宝猗带着信去安慰并开导他。同时派光州刺史奚思业察访杨愔的踪迹，按礼节将他送到都城。神武帝见了杨愔很高兴，任命他为太原公开府司马，转任太原公开府长史，又任命他为大行台右丞，封华阴县侯，升任给事黄门侍郎，把小妾所生的女儿嫁给杨愔为妻。后杨愔任散骑常侍，担任出使梁朝的负责人。到碻磝戍，州城内有一座佛寺，是杨愔家先前出资修建的，杨愔走到僧堂礼拜。看到父亲杨津的像，悲从中来，放声大哭以至于鲜血从口中喷出，于是得病，不能出使，乘车返回邺城。过了很久，以原官职兼任尚书吏部郎中。东魏孝静帝武定末年，杨愔因德才双馨，越级提升为吏部尚书，加侍中、卫将军等官职，辅导孝静帝读书和掌管铨选。

北齐文宣帝天保初年，以原任官职兼任太子少傅，另封为阳夏县男。朝廷又命令他管理太史，升任尚书右仆射。娶神武帝女太原长公主，即原魏孝静帝的皇后。恰巧有群雉鸟飞到他家的房顶上，杨愔因此又被任命为开府仪同三司、尚书左仆射，改封为华山郡公。天保九年，升任尚书令，拜为特进、骠骑大将军。天保十年，封为开封王。文宣帝逝世时，朝臣没有人掉眼泪，杨愔却悲痛欲绝，泪如雨下。高殷继帝位后，更加信任亲待杨愔，全国大政，由他一人决定，杨愔以诚心待人，躬行正道，当时没有人对他有疑意。杨愔在乾明元年二月，被孝昭帝高演所杀，那年五十岁。北齐后主高纬天统末年，追赠他为司空。

愔贵公子，早著声誉，风表鉴裁①，为朝野所称。家门遇祸，唯有二弟一妹及兄孙女数人，抚养孤幼，慈旨温颜，咸出人表②。重义轻财，前后赐与，多散之亲族，群从弟侄十数人，并待而举火。频遭迍厄，冒履艰危，一飧之惠，酬答必重，性命之仇，舍而不问。

典选二十余年，奖擢人伦③，以为己任。然取士多以言貌，时致谤言，以为愔之用人，似贫士市瓜，取其大者。愔闻，不屑焉。其聪记强识，半面不忘④。每有所召问，或单称姓，或单称名，无有误者。后有选人鲁漫汉，自言猥贱，独不见识。愔曰：『卿前在元子思坊，骑秃尾草驴，经见我不下，以方曲鄣面，我何不识卿？』漫汉惊服。又调之曰：『名以定体，漫汉果自不虚。』又令吏唱人名，误以卢士深为士琛，士深自言。愔曰：『卢郎玉润，所以从玉。』自尚公主后，衣紫罗袍，金缕大带。遇李庶，颇以为耻，谓曰：『我此衣服，都是内裁⑤，既见子将，不能无愧。』

及居端揆⑥，权综机衡，千端万绪，神无滞用。自天保五年已后，一人丧德，维持匡救⑦，实有赖焉。每天子临轩，公卿拜授，施号发令，宣扬诏册。愔辞气温辩，神仪秀发，百僚观听，莫不悚动。自居大位，门绝私交。轻货财，重仁义，前后赏赐，积累巨万，散之九族，架箧之中，唯有书数千卷。太保、平原王隆之与愔邻宅，愔尝见其门外有富胡数人，谓左右曰：『我门前幸无此物。』性周密畏慎，恒若不足⑧，每闻后命，愀然变色。

注释 ①风表鉴裁：指风度和见识。②成出人表：比一般人都做得好。③奖擢人伦：奖励和提拔人才。④半面不忘：即过面不忘。⑤内裁：宫内裁剪。⑥端揆：指百官之首。⑦维持匡救：维持大局，救治时势。⑧恒若不足：形容总是觉得做得不足的样子。

译文 杨愔出身显贵，很早就有名望，风度仪表和见识，都受到朝野之士的一致称赞。家族变故后，只剩下两个弟弟、一个妹妹和几个侄孙女。杨愔抚养孤儿幼弱，温和慈善，比任何人都做得好。他重道义轻钱财，获得的赏赐大部分给亲戚和族人，十多个侄儿侄女都跟随他，依靠他而生活。杨愔虽然亲历危难，连遭不幸，但别人给他一顿饭的恩情，他总是铭记心中

加以重重地报答，而对他的势不两立的仇人，他却不对他们加以清算。

杨愔主持铨选达二十多年，以奖励和提拔人士为己任。但他所录用的人大都言语迟钝、容貌不好，也因那个缘故，他常常受到讥讽，说他录用人才就像穷人买瓜专拣大的一样。杨愔听到这些话后，也没放在心上。他记忆力特别好，过目不忘。每当他召铨选的人询问情况时，要么只称姓，要么只称名，从未失误过。后来有个名叫鲁漫汉的侯选人，声称自己才能不高，出身低贱，所以杨愔不认识他。杨愔说：『你前次在元子思坊，骑一头秃尾巴母驴，走到我旁边看到我后也不下来，用方形曲饼把脸遮着，我哪能不认识你呢？』鲁漫汉于是惊奇叹服。杨愔又开他的玩笑说：『名字是用来确定本体的，你叫漫汉，果然不假。』他又曾让属下官吏呼叫别人的名字，误把卢士深读成卢士琛，卢士深自己加以辨别。杨愔说：『卢郎润泽如玉，所以把你的名字看成玉旁。』自从娶太原长公主后，他总是穿着紫色的罗袍，系金线绣制的腰带。碰见李庶，他很为自己的衣着感到羞耻，对李庶说：『我这身衣服，都是宫内缝制的，可是看到你李子将后，我不禁为我的这身衣裳感到惭愧。』

不久后，杨愔的官位达到了百官之首，执掌国家机密大政，他思维敏捷，千头万绪的事情，他都能清晰地理清。文宣帝从天保五年以后，日渐荒淫，而维持大局，救正时势的重担，全都依仗着杨愔。每当天子亲到朝堂任命公卿，都由杨愔发号施令，宣读诏册。他声音温和清楚，神态端庄，百官看到他的表情，听到他的声音，无不惊惧动容。杨愔自从任高官后，门中断绝私人交往。他轻贱钱财，看重仁义，先后得到的巨额赏赐，都分给族人，屋中架子和箱子中，只有几千卷书籍。杨愔的住宅与太保、平原王高隆之的住宅相邻，有一次，杨愔看到高隆之门外有几个富有的胡人，便对身边的人说：『幸好我的门前没有这些人。』他性情周密而谨慎，追求完美，做事总感觉做得不够，每当闻知命下，脸色便变得很严肃。

文宣大渐，以常山、长广二王位地亲逼，深以后事为念。愔与尚书左仆射平秦王归彦、侍中燕子献、黄门侍郎郑子默受遗诏辅政，并以二王威望先重①、咸有猜忌之心。初在晋阳，以大行在殡，天子谅暗，议令常山王在东馆，欲奏之事，皆先谘决②。二旬而止。仍欲以常山王随梓宫之邺，留长广王镇晋阳。执政复生疑贰，两王又俱从至于邺。子献立计，欲处太皇太后于北宫，政归皇太后。又自天保八年已来，爵赏多滥，至是，愔先自表解其开府封王，诸叨窃恩荣者皆从黜免。由是嬖宠失职之徒，尽归

心二叔。高归彦初虽同德，后寻反动，以疏忌之迹尽告两王。可朱浑天和又每云：『若不诛二王，少主无自安之理。』宋钦道面奏帝，称二叔威权既重，宜速去之。帝不许曰：『可与令公共详其事。』愔等议出二王为刺史。以帝仁慈，恐不可所奏，乃通启③皇太后，具述安危。有宫人李昌仪者，北豫州刺史高仲密之妻，坐仲密事入宫。太后以昌仪宗情，甚相昵爱④。太后以启示之，昌仪密启太皇太后。愔等又议不可令二王俱出，乃奏以长广王为大司马、并州刺史，常山王为太师、录尚书事。

及二王拜职，于尚书省大会百僚，愔等并将同赴。子默止之，云：『事不可量，不可轻脱。』愔云：『吾等至诚体国，岂有常山拜职，有不赴之理，何为忽有此虑？』长广旦伏家僮数十人于录尚书后室，仍与席上勋贵⑤数人相知。并与诸勋胄约，行酒至愔等，我各劝双杯，彼必致辞。我一曰『捉酒』，二曰『捉酒』，三曰『何不捉』，尔辈即捉。及宴如之。愔大言曰：『诸王构逆，欲杀忠良邪！尊天子，削诸侯，赤心奉国，未应及此。』常山王欲缓之⑥，长广王曰：『不可。』于是愔及天和、钦道皆被拳杖乱殴击，头面血流，各十人持之⑦。使薛孤延、康买执子默于尚药局。子默曰：『不用智者言，以至于此，岂非命也。』

注释 ①威望先重：即威望很高。②皆先谘决：都先咨询再作决定。③通启：即通信。④昵爱：亲近之意。⑤勋贵：功臣权贵。⑥缓之：即松绑。⑦持之：捉拿他们。

译文 文宣帝病危，深深为常山王高演和长广王高湛二位亲弟的地位将威胁到自己的儿子而忧虑。受文宣帝遗命所托，杨愔与尚书左仆射、平秦王高归彦、侍中燕子献，黄门侍郎郑子默等人辅佐新皇帝处理政事。因常山、长广二王本就有很高的威望，大家都对他们两人抱有猜忌心理。最初在晋阳时，因文宣帝还未安葬，而新皇帝守丧不能处理政事，大家商定让常山王住在东馆，如有事需上奏给皇帝，都要先和他商量后再做决定。二十天后，这一办法不再实行。大家又打算让常山王随文宣帝的灵柩回邺城，留下长广王镇守晋阳。但辅政的几个人又觉得这样不妥，于是常山、长广二王又一同随灵柩到了邺城。燕子献定计，想把太皇太后娄氏迁到北宫，将大政交给皇太后李氏。另外，从天保八年以来，爵位封得很滥，这时，杨愔率先请求朝廷解除他开府仪同三司的职务和王爵，所有无才能而得官职受封的人都随之罢免。因此那些失去官职的人，现在全都拥护新皇帝的两个叔叔。高归彦开始与杨愔等人同心，不久就背叛了他们，把杨愔等人对二王疏远猜忌的情形告诉了二王。可朱浑天和又常说：『如果不杀掉二王，新皇帝就不可能安然无事。』宋钦道又向皇帝当面进言，说他的两个叔叔声望

太高，权势过重，应当尽快把他们除掉。皇帝不答应，说：『你可以与令公杨愔仔细商量此事再说。』杨愔等人讨论决定让二王离京任刺史。但因皇帝仁慈，怕他不忍心如此办理，杨愔等于是又给皇太后送一封信，详细分析了形势安危。有一个叫李昌仪的官人，原是北豫州刺史高仲密的妻子，因高仲密犯罪连坐，被送进后宫服役。皇太后因为李昌仪有同宗的情谊，对她很亲近。皇太后把杨愔等人的信给李昌仪看了，李昌仪向太皇太后密报了这件事。杨愔等人又商量，认为不能将二王一起派出去，于是上奏，以长广王为大司马、并州刺史，常山王为太师、录尚书事。

二王受任在尚书省大会百官，杨愔等人都打算前往参加。郑子默阻挡他们说：『事情很难预测，你们不要太轻率了。』杨愔说：『我们为国家赤胆忠心，难道在常山王受任时，我们能不去吗？为什么你突然产生这种疑虑？』长广王清晨在录尚书官署后面的屋子中埋伏下几十名家奴，同时把这事通知了几位在座的功臣权贵。并与功臣们的子孙约定：『我敬酒走到杨愔等人面前时，劝他们每人喝两杯，他们一定会推辞，我第一句话说「拿酒」，第二句话仍说「拿酒」，第三句说「为什么不拿」，你们便把他们抓起来。』宴席上他们照此行事。杨愔大声说：『你们几个亲王谋反，想杀害忠良吗？我们尊奉天子，削弱诸侯，赤心为国，不应受到这种待遇。』常山王想把他们松绑一下，长广王说：『不行。』于是杨愔和可朱浑天和、宋钦道等人都受到拳头棍棒的胡乱殴打，头部和脸上鲜血直流，每人都被十个人死死揪住。又派薛孤延、康买到尚药局把郑子默抓捕。郑子默说：『不听我的话，出现这样的事情，这难道不是命该如此吗？』

二叔率高归彦、贺拔仁、斛律金拥愔等唐突入云龙门。见都督叱利骚，招之不进，使骑杀之。开府成休宁拒门，归彦喻之，乃得入。送愔等于御前。长广王及归彦在朱华门外。太皇太后临昭阳殿，太后及帝侧立。常山王以砖叩头，进而言曰：『臣与陛下骨肉相连。杨遵彦等欲擅朝权，威福自己，王公以还①，皆重足屏气②。共相唇齿，以成乱阶，若不早图，必为宗社之害。臣与湛等为国事重，贺拔仁、斛律金等惜献皇帝基业，共执遵彦等领入宫，未敢刑戮，专辄之失，罪合万死。』帝时默然，领军刘桃枝之徒陛卫，叩刀仰视，帝不睨之。太皇太后令却仗，不肯。又厉声曰：『奴辈即今头落。』乃却。因问杨郎何在。贺拔仁曰：『一目已出。』太皇太后怆然曰：『杨郎何所能，留使不好耶！』乃让帝曰：『此等怀逆，欲杀我二儿，次及我，尔何纵之？』帝犹不能言。太皇太后怒且悲，王公皆泣。太皇太后曰：『岂可使我母子受汉

老妪斟酌③。」太后拜谢。常山王叩头不止。太皇太后谓帝：「何不安慰尔叔。」帝乃曰：「天子亦不敢与叔惜，岂敢惜此汉辈？但愿乞儿性命，儿自下殿去，此等任叔父处分。」遂皆斩之。长广王以子默昔谗己，作诏书，故先拔其舌，截其手。太皇太后临愔丧，哭曰：「杨郎忠而获罪。」以御金为之一眼，亲内之，曰：「以表我意。」常山王亦悔杀之。先是童谣曰：「白羊头尾秃，羖羺头生角。」又曰：「羊羊吃野草，不吃野草远我道，不远打尔脑。」又曰：「阿么姑祸也，道人姑夫死也。」羊为愔也，「角」文为用刀，「道人」谓废帝小名，太原公主尝作尼，故曰「阿么姑」，愔、子献、天和皆帝姑夫云。于是乃以天子之命下诏罪之，罪止一身，家口不问④。寻复簿录五家，王晞固谏，乃各没一房，孩幼兄弟皆除名。

注释 ①王公以还：即王公以下。②重足屏气：小心谨慎之意。③斟酌：这里有任人摆布的意思。④不问：即不追究。

译文 二王带着高归彦、贺拔仁、斛律金揪住杨愔等人冲进云龙门。看见都督叱利骚，用手招他过来，叱利骚不听，二王便派人将他杀死。开府成休宁挡在云龙门前，高归彦劝开他后，他们一行人才得以进去。杨愔等被送到皇帝面前，长广王与高归彦在朱华门外等候。太皇太后到昭阳殿，皇太后与皇帝在旁侍立。常山王用砖敲打头部向前走近说：「臣与陛下骨肉相连。杨遵彦等人想把持朝政，作威作福，王公大臣都有惧意，不敢随意行动、说话。他们相互依托，制造祸端，如果不趁早对他们采取行动，一定会给国家带来危害。臣与高湛等人认为国家大事最重要，贺拔仁、斛律金等人珍惜献皇帝开创的基业，大家一起将杨遵彦等人捉住带进宫来，不敢擅自把他们杀了。我们专断所犯的罪行，死有余辜。」皇帝当时默不作声，领军刘桃枝等人在他身边侍卫，他们抓着刀柄，抬头看着皇帝，可是皇帝也没有给他们任何示意。太皇太后命令仪卫退下，刘桃枝等人不动，太皇太后又厉声说：「我马上让你们这些奴才人头落地。」刘桃枝等人退去。太皇太后于是问杨愔在什么地方。贺拔仁说：「他的一只眼珠已被打出来了。」太皇太后悲伤地说：「杨郎能做得了什么，留下他继续做事不好吗？」于是指责皇帝说：「这些人的叛逆之心，想先杀我的两个儿子，然后再杀我，你为什么要放纵他们？」皇帝仍然不说话。太皇太后又愤怒又悲伤，王公们都哭起来。太皇太后说：「怎能让我们母子听汉人老婆子摆布。」皇太后敬礼道歉。常山王不停地叩头。太皇太后对皇帝说：「为什么不安慰你叔叔？」皇帝才说：「天子对叔叔也不敢吝惜什么，哪里敢爱惜这些汉人？我只求叔叔能留儿一命，让我自己下殿去。随叔叔怎么处置这批人。」于是把他们全部杀掉。长广王因郑子默

先前曾说过自己的坏话，撰写过诏书，所以在杀他之前，先割下他的舌头，斩断他的双手。太皇太后到杨愔灵前吊丧，哭着说：『杨郎忠心为国却遭罪。』用自己的黄金铸了一只眼珠，亲手将它安在杨愔的眼眶里，说：『以此略表我的心意。』常山王也后悔把杨愔杀了。事先有童谣说：『白羊头尾秃，黑羊头生角。』又说：『羊羊吃野草，不吃野草远我道，不远打尔脑。』又说：『阿么姑祸也，道人姑夫死也。』『羊』说的是杨愔，『角』字可拆成『用』字和『刀』字，『道人』指的是废帝高殷的小名，杨愔的妻子太原公主曾做过尼姑，所以称作『阿么姑』，而杨愔、燕子献、可朱浑天和都是废帝的姑夫。于是二王便以天子的名义下诏，宣告天下杨愔等人的罪状，只定罪在他们个人身上，不累及家族。然而，过了不久，二王又想斩草除根，将杨愔等五家所有人口全部逮捕，在王晞的坚决劝阻下，每个家族只抄灭死者本人一房，小孩也全部杀死；而他们的兄弟做官的一概罢免。

遵彦死，仍以中书令赵彦深代①总机务。鸿胪少卿阳休之私谓人曰：『将涉千里，杀骐骥②而策蹇驴，可悲之甚。』愔所著诗赋表奏书论甚多，诛后散失，门生鸠集所得者万余言。

注释 ①代：代理掌管之意。②骐骥：指良马。

译文 杨遵彦死后，朝廷仍然委派中书令赵彦深代掌机密事务。鸿胪少卿阳休之私下里对人说：『一个人想走千里，却杀掉良马去骑一头跛足驴子，实在太可悲了。』杨愔写的诗、赋、表、奏和书论很多，死后大多散失了，他门生收集到的有一万多字。

周书

二十四史精华

唐·令狐德棻等著

綫裝國學館

苏绰传

苏绰字令绰，武功人，魏侍中则之九世孙也。累世二千石①。父协，武功郡守。

绰少好学，博览群书，尤善算术。从兄让为汾州刺史，太祖饯于东都门外。临别，谓让曰：『卿家子弟之中，谁可任用者？』让因荐绰。太祖乃召为行台郎中。在官岁余，太祖未深知之。然诸曹②疑事，皆询于绰而后定。所行公文，绰又为之条式。台中咸称其能。后太祖与仆射周惠达论事，惠达不能对，请出外议之。乃召绰，告以其事，绰即为量定③。惠达入呈，太祖称善，谓惠达曰：『谁与卿为此议者？』惠达以绰对，因称其有王佐之才。太祖曰：『吾亦闻之久矣。』寻除著作佐郎。

属太祖与公卿往昆明池观渔，行至城西汉故仓池，顾④问左右，莫有知者。或曰：『苏绰博物多通，请问之。』太祖乃召绰。具⑤以状对。太祖大悦，因问天地造化之始，历代兴亡之迹。绰既有口辩，应对如流。太祖益喜。乃与绰并马徐行至池，竟不设网罟而还。遂留绰至夜，问以治道，太祖卧而听之。绰于是指陈帝王之道，兼述申韩之要。太祖乃起，整衣危坐，不觉膝之前席。语遂达曙⑥不厌。诘朝⑦，谓周惠达曰：『苏绰真奇士也，吾方任之以政。』即拜大行台左丞，参典⑧机密。自是宠遇日隆。绰始制文案程式，朱出墨入，及计帐、户籍之法。

注释 ①二千石：这里指太守的官职。②诸曹：指各官署。③量定：分析情况，作出决定。④顾：即回过头之意。⑤具：详细的。⑥达曙：到天亮。⑦诘朝：即第二天早上。⑧参典：即掌管之意。

译文 苏绰，字令绰，武功郡人，他是三国魏侍中苏则的第九代孙。他的祖辈接连几代都当到郡太守之职，父亲苏协，任职武功郡太守。

苏绰年轻时喜欢学习，博览群书，特别擅长计算的方法。他的堂兄苏让出任汾州刺史，太祖宇文泰在都城东门外为他设宴饯行。即将分别时，宇文泰问苏让：『你家子弟当中，谁可以被任用吗？』苏让于是推荐苏绰。宇文泰便把苏绰召来，任命他为行台郎中。苏绰任行台郎中一年多后，宇文泰对他还不很了解。但行台各官署有什么疑难的事，都要找苏绰商量后才做出决定。颁行的各种公文，格式也是苏绰制定的。行台中的官员都称赞他的才干。后来，宇文泰同行台尚书仆射周惠达讨论事情，周惠达不能回答，请求让他出外找人商量。于是他把苏绰叫来，把讨论的事情告诉他，苏绰立即为他分析情况并做出裁决。周惠达进去向宇文泰禀告，宇文泰连声叫好，问周惠达：『谁给你想出的这些建议呢？』周惠达回答说是苏绰，并趁机称赞苏绰有辅佐帝王的才干。宇文泰说：『我也听说这个人很久了。』太祖就任命苏绰为著作佐郎。

有一次，恰逢宇文泰和朝廷公卿们一起前往昆明池观看捕鱼，走到城西一个叫仓池的地方，回头询问左右关于仓池的事，没有谁知道。有人说：『苏绰见多识广，请您问他。』宇文泰于是把苏绰找来，苏绰详细地做了回答。宇文泰极其高兴，于是从开天辟地、万物初生的情况，一直问到历代兴亡的事迹。苏绰口才本来就好，随问随答，毫不迟疑。宇文泰更加高兴。于是与苏绰一起骑着马并排慢走到了昆明池，竟忘了打

鱼的事情而没有设置渔网就回去了。宇文泰于是把苏绰留下长谈，直到夜间，向苏绰询问治理国家的方法，自己则躺着听苏绰说。苏绰谈起帝王法术，并说到申不害、韩非等法家学术的要点。宇文泰于是爬起来，整理好衣衫，端端正正地坐着听，双膝不知不觉地向前移动。两个人谈到天亮还没有完。第二天早上，宇文泰对周惠达说：『苏绰是个奇才，我要把政务委任给他。』太祖当即任命苏绰为大行台左丞，参掌机密。从此以后太祖对苏绰的信任和待遇一天天隆重。苏绰又开始制定公文案卷的格式，规定行台发出的文件用红笔支出，呈送入行台的文件用墨笔，并且制定记账和户籍登记的方法。

大统三年，齐神武三道①入寇，诸将成欲分兵御之，独绰意与太祖同。遂并力拒窦泰，擒之于潼关。四年，加卫将军、右光禄大夫，封美阳县子，邑②三百户。加通直散骑常侍，进爵为伯，增邑二百户。十年，授大行台度支尚书，领著作，兼司农卿。

太祖方欲革易③时政，务弘强国富民之道，故绰得尽其智能，赞成其事。减官员，置二长，并置屯田以资军国。又为六条诏书，奏施行之。

其一，先治心④，曰：

凡今之方伯守命，皆受命天朝，出临下国，论其尊

贵，并古之诸侯也。是以前世帝王，每称共治天下者，唯良宰守耳。明知百僚卿尹，虽各有所司⑤，然其治民之本，莫若宰守之最重也。凡治民之体，先当治心。心者，一身之主，百行之本。心不清净，则思虑妄生⑥。思虑妄生，则见理不明。见理不明，则是非谬乱⑦。是非谬乱，则一身不能自治，安能治民也！是以治民之要，在清心而已。夫所谓清心者，非不贪货财之谓也，乃欲使心气清和，志意端静。心和志静，则邪僻之虑，无因而作。邪僻不作，则凡所思念，无不皆得至公之理。率至公之理以临⑧其民，则彼下民孰不从化。是以称治民之本，先在治心。

注释 ①三道：分三路。②邑：即封地之意。③革易：意为改革。④治心：即修养身心之意。⑤所司：即所掌管的工作。⑥思虑妄生：即胡思乱想。⑦是非谬乱：是非颠倒。⑧临：治理之意。

译文 大统三年，北齐神武帝率兵分三路入侵。西魏各位将领都打算分兵御敌，只有苏绰与宇文泰意见相同。于是集中兵力抵抗窦泰，在潼关将他活捉。大统四年，朝廷加任苏绰卫将军、右光禄大夫，封他为美阳县子，封食邑三百户。后又加封通直散骑常侍，晋爵为美阳县伯，增加食邑两百户。大统十年，任命苏绰为大行台度支尚书、领著作，兼任司农卿。

太祖宇文泰当时正想改革时政，致力于寻求强国富民的方法，因此苏绰得以发挥他的全部智慧和才能，辅助宇文泰完成大业。苏绰协助宇文泰削减官员，设置党长、里长，开办屯田给军队和政府提供开支。苏绰还撰写了《六条诏书》，上奏给朝廷，请求施行。

第一条，首先修养自身的思想品德：

凡是当今的地方长官，都是由天朝任命，派到各地统治一方，从他们地位的尊贵来说，都可以说是古代的诸侯。因此，前代帝王常常说，与他们一起治理国家的，正是那些优秀的地方官。从这可以清楚地知道，朝廷百官卿尹，虽然各有各的职责，但从治理百姓的根本来说，没有谁比地方官吏更重要。凡是治理百姓的根本，首先在于端正思想。思想是身体的主宰，各种行为的来源。思想上不纯洁，就会胡思乱想。胡思乱想，就会不明事理。如果分辨事理不明白，就将混淆是非。是非一旦混淆，自己本身都不可能做好，又怎么去治理百姓呢？所以治理百姓的关键，在于心地要纯洁。所谓心地清净，不是说不贪图钱财，而是要让心情清净平和，精神端正沉静。如果做到思想安和，意志坚定，那么不正当的想法，将无从产生。不产生不正当的想法，那么心中出现的任何念头，都将符合最公正的原则。用这最公正无私的道理来治理自己的属下百姓，那么百姓谁还能不听从你的教化呢？因此说治理百姓的根本首先在于修养思想品德。

其次又在治身。凡人君之身者，乃百姓之表，一国之的也。表①不正，不可求直影；的不明，不可责射中。今君身不能自治，而望治百姓，是犹曲表而求直影也；君行不能自修，而欲百姓修行者，是犹无的而责射中也。故为人君者，必心如清水，形如白玉。躬行仁义，躬行孝悌②，躬引忠信，躬行礼让，躬行廉平，躬行俭约，然后继之以无倦，加之以明察。行此八者，以训其民。是以其人畏而爱之，则而象之，不待家教日见而自兴行矣。

其二，敦教化，曰：

天地之性，唯人为贵。明其有中和③之心，仁恕之行，异于木石，不同禽兽，故贵之耳。然性无常守，随化而迁。化于敦朴者，则质直；化于浇伪④者，则浮薄。浮薄者，则衰弊之风；质直者，则淳和之俗。衰弊则祸乱交兴，淳和则天下自治。治乱兴亡，无不皆由所化也。然世道雕丧，已数百年。大乱滋甚，且二十岁。民不见德，唯兵革⑤是闻；上无教化，惟刑罚是用。而中兴始尔，大难未平，加之以师旅，因之以饥馑，凡百草创，率多权宜。致使礼让弗兴，风俗未改。比年稍登稔，徭赋差轻，衣食不切⑥，则教化可修矣。凡诸牧守令长，宜洗心革意，上承朝旨，下宣教化矣。

注释 ①表：指标记。②孝悌：即孝顺父母、敬爱兄长。③中和：中正平和之意。④浇伪：即刻薄虚伪之意。⑤兵革：即战争。⑥不切：不迫切。

译文 其次在于陶冶身心。大凡君主的行为，都是百姓的表率，一国的目标。标竿不竖直，不可能测得端正的日影；目标不明显，不能要求别人射中。当今君王如果不能很好地陶冶自身，而希望治理好百姓，这就像用一根弯曲的标杆却想测得端正的日影；君主自己的行为不加检点，却要百姓注意自己的行为，就好比没有箭靶却要求别人射中。所以，作为君主，一定要做到思想如清水一样没有杂质，形象如宝玉一样洁白无瑕。亲自实行仁义，亲自实行孝悌，亲自实行忠信，亲自实行礼让，亲自实行廉平，亲自实行节俭。此外，还需孜孜不倦，明察秋毫。把以上八个方面都做好，并以此教诲百姓。因此百姓会对君主既敬畏又爱戴，既效法又模仿，美好的品德用不着每家教诲每天显示，而自然就可以培养起来了。

第二条，注重教育感化：

天地万物的特性，只有人是宝贵的。因为明白人有中正平和的思想，仁爱宽厚的品行，跟木石有别，与禽兽不同，所以才觉得人是宝贵的。但人性不是一成不变的，会随不同的感化而改变。受到敦厚质朴美德感化的人，将变得朴实正直；受到虚假欺诈行为熏染的人，将变得轻浮狡诈。人们轻浮狡诈，就会出现衰亡丧乱的风俗；人们朴实正直，就将形成质朴和谐

的风气。衰亡丧乱的风俗一经出现，祸乱将接连不断地产生；质朴和谐的风气一旦形成，国家自然就会安定。国家是安定还是混乱，是兴盛还是衰亡，没有不是因为人们受到不同感化的缘故。然而社会风气的败坏，已经几百年了。近二十年来，祸乱变得越来越严重。百姓没见过德政，只听说过接连不断的战争；官吏对百姓不进行教育感化，只对他们使用刑法。现在中兴刚刚开始，大乱尚未平息，加上战争不断，灾荒频繁，许多事情必须从头做起，因此各项政策大都随时事而变通。致使礼仪的风尚不能兴起，旧的风俗习惯不能改正。近年收成逐渐好转，百姓所承担的徭役赋税较轻，人民的衣食不成问题，那么教化就可以进行了。大凡各位地方长官，都应该除去杂念，端正思想，秉承朝廷的旨意，向百姓推行教化。

夫化者，贵能扇之以淳风，浸①之以太和，被之以道德，示之以朴素。使百姓亹亹②，中迁于善，邪伪之心，嗜欲之性，潜以消化，而不知其所以然，此之谓化也。然后教之以孝悌，使民慈爱；教之以仁顺，使民和睦；教之以礼义，使民敬让。慈爱则不遗其亲，和睦则无怨于人，敬让则不竞于物。三者既备，则王道成矣。此之谓教也。先王之所以移风易俗，还淳反素③，垂拱而治天下以至太平者，莫不由此。此之谓要道也。

其三，尽地利，曰：

人生天地之间，以衣食为命。食不足则饥，衣不足则寒。饥寒切体，而欲使民兴行礼让者，此犹逆坂走丸④，势不可得也。是以古之圣王，知其若此，故先足其衣食，然后教化随之。夫衣食所以足者，在于地利尽。地利所以尽者，由于劝课有方。主此教者，在乎牧守令长而已。民者冥也，智不自周，必待劝教，然后尽其力。诸州郡县，每至岁首，必戒敕部民，无问少长⑤，但能操持农器者，皆令就田，垦发⑥以时，勿失其所。及布种既讫，嘉苗须理，麦秋在野，蚕停于室，若此之时，皆宜少长悉力，男女并功，若援溺、救火、寇盗之将至，然后可使农夫不废其业，蚕妇得就其功。若有游手怠惰，早归晚出，好逸恶劳，不勤事业者，则正长牒名郡县，守令随事加罚，罪一劝百。此则明宰之教也。

注释 ①浸：浸润。②亹亹：勤勉不倦。③还淳反素：即返璞归真。④逆坂走丸：弹丸在山坡上滚。⑤无问少长：即无论老幼。⑥垦发：即耕种。

译文 所谓感化，贵在能够用淳厚的风尚去倡导，用平和的思想去浸润，用道德的行为去影响，用朴素的作风去示范。使百姓勤勉不倦，心中的想法日趋向善，邪恶虚伪的念头、贪得无厌的习性都暗暗消失，而不知道出现这种情形的原因，这就叫做感化。随后，教育百姓要孝敬父母，善待兄弟，使他们互相慈爱；教育他们仁善顺从，使他们互相和睦；用礼节和道义教育他们，使他们相互敬让。百姓们慈爱，便不会抛弃他们的亲人，和睦便不会怨恨别人，敬让便不会因财物而发生争执。假如这三个方面都做到了，王道也就实现了。这就是我们所讲的教育。先代圣王之所以能移风易俗，使社会风气变得淳和朴素，毫不费力便能使国家安定，甚至天下太平，无不由于教育感化。这就是治理天下的重要方法。

第三条，充分发挥地利：

人活在世界上，把衣食看作是生命一样的重要大事。食物不足就会挨饿受冻。饥寒交迫，却想让百姓实行礼让，这就好比让一个圆球自动往斜坡上滚，这当然是不可能的事情。因此，古代英明君主懂得这个道理，先让百姓丰衣足食，然后才跟着进行教化。之所以能够做到足衣足食，在于全部发挥土地的生产能力。土地的生产能力之所以能够全部发挥出来，在于鼓励百姓耕种得法。而对鼓励百姓耕种负责的，正是刺史、太守、县令或县长。『民』也就是『冥』，他们的智力不足以保全自己，必须加以鼓励教育，才会全力耕种。各州、各郡、各县，每年年初，一定要命令治下百姓，不论年龄大小，只要拿得起农具，都要让他们下地干活，按季节耕种，不要误了农时。播种完毕后，长势好的禾苗还须管理，地里的麦子黄了，家中的蚕子老了，像这种时候，无论男女老少，都应该全力以赴，就像从水中救人、扑灭大火、防备即将到来的强盗一样。这样才可能使农夫进行正常的生产，养蚕的妇女也可以顺利地获得好收成。如果有游手好闲、晚出早归、好逸恶劳、不从事劳动生产的，那么党正、里长就要记下他们的名字上报郡县，郡守县令就应根据情况加以处罚，罚一人就能勉励百人。这样才是贤明的官员所应采取的教育感化方法。

夫百亩之田，必春耕之，夏种之，秋收之，然后冬食之。此三时①者，农之要也。若失其一时，则谷不可得而食。故先王之戒曰：『一夫不耕，天下必有受其饥者；一妇不织，天下必有受其寒者。』若此三时不务省事，而令民废农者，是则绝民之命，驱以就死然。单劣之户②，及无牛之家，劝令有无相通，使得兼济。三农之隙，及阴雨之暇，又当教民种桑、植果，艺其菜蔬，修其园圃，畜育鸡豚，以备生生之资，以供养老之具。

夫为政不欲过碎，碎则民烦；劝课③亦不容太简，简则民怠。善为政者，必消息时宜④而适烦简之中。故《诗》曰：『不刚不柔，布政优优，百禄是求。』如不能尔，则必陷于刑辟矣。

其四，擢贤良⑤，曰：

天生蒸民，不能自治，故必立君以治之。人君不能独治，故必置臣以佐之。上至帝王，下及郡国，置臣得贤则治，失贤则乱，此乃自然之理，百王不能易也。

注释 ①三时：三季之意。②单劣之户：即缺乏劳动力的人家。③劝课：即鼓励督促之意。④消息时宜：根据当时的实际情况变化而变化。⑤擢贤良：即选拔优秀人才。

译文 一百亩的田地，必定是春耕、夏种、秋收，然后冬天里才有粮食。春、夏、秋这三个季节是农业生产的重要时节。如果耽误了一个季节，那么谷物就不能收获以供食用了。所以古代圣王告诫说：『一个男子不耕种，天下就肯定有人会因此挨饿；一个妇女不纺织，天下就肯定会有人因此受冻。』如果在这三个农忙季节不力求减少徭役，反而让百姓放弃农活，这实际上是夺去百姓的生命，把他们往死路上赶。劳动人手少而弱的农户，以及没有耕牛的人家，应当鼓励他们互通有无，使大家都能渡过难关。农事空闲的时节，以及阴雨连绵无事可做的时候，还应当教百姓栽种桑树、果树，种植蔬菜，饲养鸡猪，以便准备生活的费用，以便供给养老的东西。

处理政事不能过于琐碎，太过琐碎百姓会感到厌烦；鼓励百姓耕种时也不宜过分简略，过分简略百姓就会懈怠。善于执政的人，一定会根据不同情况，使政事繁简适宜。所以《诗经》上说：『既不刚猛也不软弱，政事宽缓，得到优厚的俸禄。』如果不能如此去做，那么必定会陷于施用刑律的境地。

第四条，选拔贤良人才：

天生平民百姓，他们自己不能管理自己，因此必须设立君主来治理。君主不可能一个人进行统治，所以必须设置官员来协助他。上自帝王，下至地方长官，属官选得好，政治就清明，选得不好就混乱，这是自然而然的道理，即使一百个帝皇也改变不了。

今刺史守令，悉有僚吏，皆佐治之人也。刺史府官则命于天朝，其州吏以下，并牧守自置。自昔以来，州郡大吏，但取门资，多不择贤良；末曹小吏，唯试刀笔①，并不问志行。夫门资者，乃先世之爵禄，无妨子孙之愚瞽；刀笔者，乃身外之末材，不废性行之浇伪。若门资之中而得贤良，是则策骐骥而取千里也；若门资之中而得愚瞽，是则土牛木马，形似而用非，不可以涉道也。若刀笔之中而得志行，是则金相玉质，内外俱美，实为人宝也；若刀笔之中而得浇伪，是则饰画朽木，悦目一时，不可以充榱椽之用也。今之选举者，当不限资荫②，唯在得人。苟得其人，自可起厮养而为卿相，伊尹、傅说是也，而况州郡之职乎。苟非其人，则丹朱、商均虽帝王之胤，不能守百里之封，而况于公卿之胄乎。由此而言，观人之道可见矣。

凡所求材艺者，为其可以治民。若有材艺而以正直为本者，必以其材而为治也；若有材艺而以奸伪为本者，将由其官而为乱也，何治之可得乎。是故将求材艺③，必先择志行。其志行善者，则举④之；其志行不善者，则去⑤之。

注释 ①唯试刀笔：这里是指文笔优劣。②资荫：资格和祖荫。③材艺：指才干技艺。④举：推荐。⑤去：弃置不用。

译文 现在各级地方长官，都设置僚属，这些都是辅佐管理政务的人。刺史州官就由朝廷任命，而刺史、太守本来就有的属官，全都由刺史、太守自己选置。从先代以来，州和郡的主要属官，只取门第高、祖先有官位的人；那些不重要的官署小吏，也只看他们是否能处理公文，一概不问他们的志向和行为。门第资荫，只不过是祖先的爵位官阶，并不说明子孙就不会愚昧无知；善于处理公文，只不过是身外的小才能，同样无助于消除浮躁欺诈的本性。如果在有门第资荫的家族中选拔到有才有德的人，真可说是快马加鞭，一日千里；如果在有门第资荫的家族中选取了一个愚昧无知的人，那简直就是土牛木马，虽然外表像牛马，但不能让它们到大道上驰骋。如果在刀笔小吏中找到一位志向远大、行为高洁的人，这可说是外表如金，本质似玉，本质和才干都很好，是真正的人中之宝；如果在刀笔小吏中选到一个浮躁欺诈的人，那就像用美丽的画面装饰起来的一块朽木，即便一时好看，但终究不能用来建造房屋。现在选拔举荐人才，应当不限资格祖荫，只在乎能否找到真正的人才。如果确属人才，自然可以从奴隶而官至卿相，古代伊尹、傅说就是如此，何况州郡属官呢？假如不是人才，那么像丹朱、商均这些帝王后代，竟不能守住百里封地，又何况公卿的子孙呢？由此说来，观察一个人的道理就显而易见了。

大凡选拔官员要求其具备才干技艺，是因为可以用来治理百姓。如果有才干，本质又正直，那么这人肯定会用他的才干去使社会清平安定；如果有才干，本质上却奸猾狡诈，那么这人将利用他的权力导致混乱不安，哪有可能造成清平安定呢？因此要选取有才干技艺的人才，必定首先观察一个人的道德品行。那些道德品行好的，就推举他；那些道德品行不好的，就弃置不用。

而今择人者多云『邦国无贤，莫知所举』。此乃未之思也，非适理之论。所以然者，古人有言：『明主聿兴①，不降佐于昊天；大人基命，不擢才于后土。常引一世之人，治一世之务。』故殷、周不待稷、契之臣，魏、晋无假萧、曹之佐。仲尼曰：『十室之邑，必有忠信如丘者焉。』岂有万家之都，而云无士，但求之不勤，择之不审②，或用之不得其所，任之不尽其材，故云无耳。古人

云：『千人之秀曰英，万人之英曰隽。』今之智效一官，行闻一邦者，岂非近英隽之士也？但能勤而审察，去虚取实，各得州郡之最而用之，则民无多少，皆足治矣。孰云无贤！

夫良玉未剖，与瓦石相类；名骥未驰，与驽马相杂。及其剖而莹之，驰而试之，玉石驽骥，然后始分。彼贤士之未用也，混于凡品，竟何以异。要任之以事业，责之以成务，方与彼庸流较然不同。昔吕望之屠钓，百里奚之饭牛，宁生之扣角，管夷吾之三败，当此之时，悠悠之徒，岂谓其贤。及升王朝，登霸国，积数十年，功成事立，始识其奇士也。于是后世称③之，不容于口。彼瑰伟之材，不世之杰，尚不能以未遇之时，自异于凡品，况降此者哉。若必待太公而后用，是千载无太公；必待夷吾而后任，是百世无夷吾。所以然者，士必从微而至著，功必积小以至大，岂有未任而已成，不用而先达④也。若识此理，则贤可求，士可择。得贤而任之，得士而使之，则天下之治，何向而不可成⑤也。

注释 ①聿兴：即开创大业。②不审：不认真之意。③称：赞美。④达：显达之意。⑤成：成功之意。

译文 如今负责选拔人才的官员都说：『自己管辖的那个地方没有贤明的人才。』这是因为没有经过认真思考的缘故，并非合理的言论。之所以这样说，是因为古人曾经说过：明君开创大业，上天不会给他另降辅佐他的人；帝王奠定基业，也不会从后土那儿选拔人才。他们总是招来当时的人，以处理当时的政务。所以商、周时代的帝王，不需稷、契来做自己的臣子，魏、晋时代的君主，也不用萧何、曾参去辅佐。孔子说过：『有十家人聚居的地方，就肯定会有像我孔丘这样忠信的人。』怎么会在万家人居住的城邑，却声称没有人才呢？只不过没有辛勤地寻访，认真地选拔，或者说没有把人才用到恰当的地方，没有把可以完全发挥他们才干的官职委任给他们，所以才会说没有人才。古人说：『一千人当中首屈一指者叫「英」，一万人当中的英就可以称为「隽」。』当今那些才智足以承担一个职务，德行被一地百姓知晓的人，不就和古代的英隽差不多吗？只要能尽力去审查，辞退徒有虚名的人，选取有真才实学的人，各自发现本州郡中最优秀的人才来任用，那么无论百姓有多少，都能把地方治理好。谁说没有贤才呢！

良玉在没有破开之前，跟瓦石相似；骏马还没有奔驰的时候，跟劣马相混杂也分辨不出来。经过剖开磨治，驰骋检验，美玉与顽石、劣马与良马，才分辨得出来。那些贤才未受到任用的时候，和平庸的人混在一起，究竟用什么办法才可以将他们区别出来呢？关键在于委他们以职责，考察他们的政绩，他们才能与那些平庸之辈截然区别开来。古代吕望宰猪钓鱼，百里奚喂牛，宁戚敲牛角唱歌，管仲三战皆败，在这种时候，人们所见到的只是庸才面目，岂有可能称他们为贤才？只有当他们被帝王或强大的诸侯所任用，经过几十年后，建功立业，才认识到他们原来是奇才。于是后代的人称赞他们的话，说也说不完。他们这样的杰出人才，并非每代都有，尚且不能在未被委任的时候把自己同平庸的人区别开来，何况那些才智比他们低的士人呢？如果一定要等到吕望出现才加以委任，那么等上一千年也不会出现吕望；一定要等到管仲出现才加以委任，那么一百年也不会出现管仲。之所以这样说的原因，是因为士人必定是从卑微发展到显贵，功劳必定是从小积累到大，哪里有还没有委任就事业已成，不任用就先显达的道理。如果认识到这个道理，那么贤才可以找到，士人也可以选拔出来。求得贤才加以任用，选拔到士人让他们做事，那么天下要治理好，还有什么不能成功的呢？

然善官人者必先省①其官。官省，则善人易充，善人易充，则事无不理；官烦②，则必杂不善之人，杂不善之人，则政必有得失。故语曰：『官省则事省，事省则民清；官烦则事烦，事烦则民浊。』清浊之由，在于官之烦省。案今吏员，其数不少。昔民殷事广，尚能克济，况今户口减耗，依员而置，独以为少。如闻在下州郡，尚有兼假③，扰乱细民，甚为无理。诸如此辈，悉宜罢黜，无得习常。

非直州郡之官，宜须善人④，爰至党族闾里正长之职，皆当审择，各得一乡之选，以相监统。夫正长者，治民之基。基不倾者，上必安。

凡求贤之路，自非一途。然所以得之审者，必由任而试之，考而察之。起于居家，至于乡党，访其所以，观其所由，则人道⑤明矣，贤与不肖别矣。率此以求，则庶无悔矣。

注释 ①省：即减少。②烦：繁多之意。③兼假：兼任或替代官职。④善人：即优秀的人才。⑤人道：即为人之道。

译文 然而善于任用官员的人必定首先要减少他的官员。官员数量减少才能够找到有能力的好人来担任职务。如果各种职务都容易找到好人来担任，那么任何事情都能做好；官吏多了，就一定会混进一些坏人，坏人一旦混进来，政事肯定就会出现失误。所以俗话说：『官少则事少，事少则百姓安宁；官多则事多，事多则百姓混乱。』百姓是安宁还是混乱的关键，就在于官吏数量的多少。考察今日官吏，数目很大。先前百姓多，事情繁杂，尚且能把事情做好，而今民户减少了，官吏仍按先前的数目设置，还认为不够。好像听说下面的州郡，还有兼任或替代官职的情况，因此搅扰百姓，太没道理。像这一类的官吏，全都应当罢免，不能习以为常。

不仅州郡一级的官吏应该选择有才有德的人，即便党族和闾里正长这些乡里小吏，都应当仔细挑选，选拔一乡中最有才德的人，使他们监察统理百姓。正长是治理百姓的基础，基础不倾斜，处于上位的必定安稳。

大凡寻求贤才的途径，自然不止一条。但要保证选到的是真正的贤才，必须经过任用来检验，对他们进行考察。从他们在家中的情况到他们在乡里的活动，进行询问观察，他们的为人处世就可以弄清楚，贤与不贤也就能分辨出来。用这样的方法来寻求人才，那就大概没有过失了。

其五，恤①狱讼，曰：

人受阴阳之气以生，有情有性。性则为善，情则为恶。善恶既分，而赏罚随焉。赏罚得中，则恶止而善劝；赏罚不中，则民无所措手足。民无所措手足，则怨叛之心生。是以先王重之，特加戒慎。夫戒慎者，欲使治狱之官，精心悉意，推究事源。先之以五听②，参之以证验，妙睹情状，穷鉴隐伏，使奸无所容，罪人必得。然后随事加刑，轻重皆当，赦过矜愚，得情勿喜。又能消息情理，斟酌礼律，无不曲尽人心，远明大教，使获罪者如归。此则善之上也。然宰守非一，不可人人皆有通识，推理求情，时或难尽。唯当率至公之心，去阿枉之志，务求曲直，念尽平当。听察之理，必穷所见，然后栲讯以法，不苛不暴，有疑则从轻，未审不妄罚，随事断理，狱无停滞。此亦其次。若乃不仁恕而肆其残暴，同民木石，专任捶楚③。巧诈者虽事彰而获免，辞弱者④乃无罪而被罚。有如此者，斯则下矣，非共治所寄。今之宰守，当勤于中科，而慕其上善。如在下条⑤，则刑所不赦。

注释 ①恤：慎重之意。②五听：即从五个方面来听取案情。③专任捶楚：专用刑具鞭打。④辞弱者：不善于言辞的人。⑤下条：指用最差的做法。

译文 第五条，慎重对待诉讼：

人生感受阴阳二气而生，因此有感情有本性。本性使人们行善，感情控制不住就容易作恶。有善有恶就要赏罚分明，赏罚一旦分明，恶的方面将受到阻止而善的方面将得到鼓励。赏罚不准确，百姓将不知所措。如果百姓不知所措，他们就会产生怨恨以致产生犯上作乱的想法。所以历代皇帝很重视赏罚，告诫后人慎用刑法。慎用刑法，即要求官员专心致志，探究事情的本来情况。首先通过辞、色、气、耳、目来把握案情，参考各种证据，来掌握事件的真实情况，弄清案件中不明白的地方，使奸巧无处藏身，罪犯一定会被查出来。然后再根据罪责量刑，轻重准确，宽恕那些过失犯罪的人，怜悯那些因愚昧而触犯刑法的人，查清了案情也不要沾沾自喜。还要根据人心和公理，参照礼仪与法律，使一切处置都符合人心。宣传国家的教令，使被判刑的人也觉得理应如此。这是最好的办案方式。不过，地方长官不止一人，不可能人人都有这样全面的认识。推断事理，探求真实情况，有时也难以做到十分准确。只是应该本着最公正的思想，放下徇私枉法的意图，致力弄清是非曲直，尽量想着把案子办准确。听取口供，查问情由，一定要把自己发现的疑点弄明白，然后再按照法律规定进行拷问。不要严酷残暴，有疑问没弄清楚便从轻发落，事情没搞清楚不要妄加处罚，根据事情大小进行裁决，使案子不至于拖得太久。这是较差的层次。对百姓不讲仁慈宽恕，任意采取残暴的手段把他们当成树木石块，把拷打当成唯一的办法，花言巧语的人尽管罪责确实却逃脱法网，不善言辞的人虽无罪而受惩罚。如果有这种情况，那便是最下等的层次了。这些地方官不是和君上共治天下的人。当今的地方长官，应当尽力按照较好的做法处理，并慕求最好的做法。如果是用最差的做法，那么刑律不会放过他们。

又当深思远大，念存德教。先王之制曰，与杀无辜，宁赦有罪；与其害善①，宁其利淫②。明必不得中，宁滥舍有罪，不谬害善人也。今之从政者则不然。深文巧劾，宁致善人于法，不免有罪于刑。所以然者，皆非好杀人也，但云为吏宁酷，可免后患。此则情存自便，不念至公，奉法如此，皆奸人也。夫人者，天地之贵物，一死不可复生。然楚毒之下，以痛自诬，不被申理，遂陷刑戮者，将恐往往而有。是以自古以来，设五听三宥之法，著明慎庶狱之典③，此皆爱民甚也。凡伐木杀草，田猎不顺，尚违时令，而亏帝道；况刑罚不中，滥害善人，宁不伤天心、犯和气也！天心伤，和气损，而欲阴阳调适，四时顺序，万物阜安，苍生悦乐者，不可得也。故语曰，一夫吁嗟，王道为之倾覆，正谓此也。凡百宰守，可无慎乎。

若有深奸巨猾，伤化败俗，悖乱人伦，不忠不孝，故为背道者，杀一利百，以清王化，重刑可也。识此二途，则刑政尽④矣。

注释 ①害善：伤害好人。②淫：这里指奸邪。③典：法典之意。④尽：完备。

译文 此外又应当深刻地思考远大的事业，心中想到以德政教化百姓。先王的法律上说过：与其滥杀无辜，不如放掉罪犯；与其残害好人，不如让坏人占便宜。这说明如果案子肯定不能判断准确，宁可让罪犯逃脱，也不能错误地残害好人。但现在当官的就不是这样，他们搜罗法律条款，舞文弄墨，宁可把好人送进监狱，也不让罪犯免受惩罚。他们之所以这样，并不是他们全都喜欢杀人，而是说做官最好严厉点，这样可以免除后

患。这是为自己打算，没有想到公理。像这样执法的人，都是奸邪之徒。人是天地间最宝贵的东西，一旦死去，便不可能再活过来。但在严刑拷打之下，有人受不了痛苦，自认有罪，得不到申诉，于是遭到杀害，这种事恐怕随时都有。因此自古以来，设置了从五个方面听取诉讼、对三种情况从宽处理的原则，写下了明察细审案件的法典，这都是极其爱护百姓的举动。大凡砍伐树木、清除杂草、捕猎野兽，如果不正常进行，尚且会违背时令，有损帝王之道；何况判案不准确，滥杀好人，难道会不伤上天的心，破坏万物的和谐吗？上天的心被伤害，万物的和谐遭破坏，却仍想阴阳协调适当，四季时令正常，万物茁壮生长，百姓一片欢乐，是不可能的。因此有人说过，一个人叹息，王道就会因此倾覆，说的正是这种情况。所有的地方长官，能不审慎吗。

如果有人老奸巨猾，伤风败俗，违背人伦，不忠不孝，故意做出违背道德的行为，杀掉这样的一人，有利于一百人，使帝王的教化得以推行，采用重刑也是可以的。懂得这两方面的原则，那么刑政就完备了。

其六，均赋役，曰：

圣人之大宝曰位。何以守位曰仁，何以聚①人曰财。明先王必以财聚人，以仁守位。国而无财，位不可守。是故三五以来，皆有征税之法。虽轻重不同，而济用②一也。今逆寇未平，军用资广，虽未遑减省，以恤民瘼③，然令平均，使下无匮。夫平均者，不舍豪强而征贫弱，不纵奸巧而困愚拙，此之谓均也。故圣人曰：『盖均无贫。』

然财货之生，其功不易。织纸纺绩，起于有渐④，非旬日之间，所可造次。必须劝课，使预营理。绢乡先事织纴，麻土早修纺绩。先时而备，至时而输，故王赋获供，下民无困。如其不预劝戒，临时迫切，复恐稽缓，以为己过，捶扑交至，取办目前。富商大贾，缘兹射利，有者从之贵买，无者与之举息。输税⑤之民，于是弊矣。

租税之时，虽有大式⑥，至于斟酌贫富，差次先后，皆事起于正长，而系之于守令。若斟酌得所，则政和而民悦；若检理⑦无方，则吏奸而民怨。又差发徭役，多不存意。致令贫弱者或重徭而远戍，富强者或轻使而近防。守令用怀如此，不存恤民之心，皆王政之罪人也。

注释 ①聚：凝聚之意。②济用：即作用之意。③以恤民瘼：来救济百姓的疾苦。④有渐：即逐渐之意。⑤输税：指缴纳赋税。⑥大式：指大致的规定。⑦检理：审核处理之意。

译文 第六条，平均赋税徭役，内容包括：

圣人最宝贵的是地位。用来守住地位的是仁爱，用来凝聚百姓的是财富。这些表明先代圣王也必须用财富聚集百姓，仁慈才能保住帝王之位。没有财富，帝王之位很难保住。所以从三皇五帝以来，便有征收赋税的办法。虽然赋税轻重不一样，但都是为了满足国家的开支。现在逆贼还未消灭，军用开支很大，即便来不及减少赋税，以体念百姓的疾苦，也应使赋税平均，使百姓不至于穷困。平均，就是不要避开豪强而向贫弱的人家征税，也不要放任奸巧的人而使愚笨的人受欺压，这就是我们所讲的平均。因此，圣人说：『只要平均就没有贫困。』

然而财物的生产，其工作也不是一件容易的事情。织布纺麻，得从一丝一线做起，并非在一朝一夕之间仓促可成。地方长官一定要劝说督促百姓，让他们事先便着手生产。种桑的地方要趁早织造绢帛，出麻的地方应尽早纺织布匹。在交纳赋税以前就把该交的东西准备好，到该交的时候便上交，所以国家赋税能得到保证，老百姓也不会感到窘迫。如果预先不对百姓进行督促指示，到交纳赋税时期限紧迫，官吏又怕拖延时间，使自己犯错误，便对百姓进行拷打，让他们一下子就准备好。那些富有的商贾趁此机会牟取暴利，有钱人家向他们高价购买，没有钱的人家向他们付息贷款。交纳赋税的百姓于是遭殃了。

征收租税的时候，虽然有大致的规定，至于考虑贫富差别、排列先后顺序，都由基层的党正里长提出意见，再由郡守县令决定。如果处理得法，政治将会稳定，百姓也将高兴；如果处理不得法，刀笔小吏将投机取巧，百姓将怨声载道。另外，在选派人服徭役时，大都不关心百姓，致使贫穷力弱的人徭役重，服役的地方远，而有钱有势的人徭役轻，服役的地方近。郡守县令考虑事情如此草率，没有一点怜悯百姓的心肠，都是君王政务的罪人。

太祖甚重之，常置诸座右。又令百司习诵之。其牧守令长，非通六条及计帐者，不得居官①。

自有晋之季，文章竞为浮华，遂成风俗②。太祖欲革其弊，因魏帝祭庙，群臣毕至，乃命绰为大诰，奏行之。其词曰：

惟中兴十有一年，仲夏，庶邦百辟，咸会于王庭。柱国泰洎群公列将，罔不来朝。时乃大稽百宪，敷于庶邦，用绥我王度。皇帝曰：『昔尧命羲和，允厘百工③。舜命九官，庶绩咸熙。武丁命说，克号高宗。时惟休哉④，朕其钦若。格尔有位，胥暨我太祖之庭，朕将丕命女以厥官。』

注释 ①居官：任职。②风俗：风气，风格之意。③允厘百工：恰当地管理百官。④时惟休哉：这里指天时美好之意。

译文 太祖宇文泰很重视这《六条诏书》，常把它放在座位右

边，又命令百官学习背诵。刺史、太守、县令或县长，如果不通晓《六条诏书》及稽查户籍的计账方法，就不能任职。

自从晋朝末年以来，文章竞相追求浮华的风格，终于成为一种风气。宇文泰想改变这种弊病，趁西魏文帝祭祀宗庙，官员们汇集到都城的时候，命令苏绰撰成《大诰》，上奏朝廷，加以颁行。《大诰》说：

中兴十一年，仲夏，各地长官都聚集在朝廷。柱国宇文泰及群公与各位将军，没有谁没到会。朝廷便在这时全面考查各种制度，颁布给各地，以辅助国家的政教。皇帝说：『古代帝尧任命羲和，使百官各尽其职；舜任命皋陶等九人为官，各种事情都顺利完成；武丁任用傅说，使他自己被尊为高宗。现在天时美好，寡人敬重你们的顺从。你们各有职位，全都来到我太祖的王庭，寡人将把那些官职奉天意任命给你们。』

六月丁巳，皇帝朝格于太庙，凡厥具僚①，罔不在位。

皇帝若曰：『咨我元辅、群公、列将、百辟、卿士、庶尹、御事，朕惟寅敷祖宗之灵命，稽于先王之典训，以大诰于尔在位。昔我太祖神皇，肇膺明命②，以创我皇基。烈祖景宗，廓开四表，底定武功。暨乎文祖，诞敷文德，龚惟武考，不贳其旧。自时厥后，陵夷之弊，用兴大难于彼东丘，则我黎人，咸坠涂炭。惟台一人，缵戎下武，夙夜祗畏，若涉大川，罔识攸济。是用稽于帝典，揆于王廷，拯我民瘼。惟彼哲王，示我彝训，曰天生烝民，罔克自乂，上帝降鉴睿圣，植元后以乂之。惟时元后弗克独乂，博求明德，命百辟群吏以佐之。肆天之命辟，辟之命官，惟以恤民③，弗惟逸念。辟惟元首，庶黎惟趾，股肱惟弼。上下一体，各勤攸司，兹用克臻于皇极。胡其彝训曰：「后克艰厥后，臣克艰厥臣，政乃乂。」今台一人，膺天之嘏，既陟元后。股肱百辟又服我国家之命，罔不咸守厥职。嗟夫，后弗艰厥后，臣弗艰厥臣，于政何弗斁，呜呼艰哉！凡尔在位，其敬听命。』

注释 ①凡厥具僚：凡是官员。②肇膺明命：开始接受圣明的命令。③恤民：救助民众之意。

译文 六月丁巳日，皇帝到太庙朝拜，凡是官员，无不在位。

皇帝说：『唉，我的宰相、群公、将军、百官、卿士、庶尹及御事们，我承接先祖遗命，考查历代明君的制度，将向官员下达重大命令。先前我太祖神元皇帝，开始接受上天的大命，开创大业。烈祖景宗，向四方开拓疆土，完成了武功。到了文祖，大力施行文教德政，遵奉武考，不失旧制。从那以后，日益衰弱，东土出现大乱，黎民百姓，遭受涂炭。我继承祖先遗业，日夜警惧，就像要过一条大河，不知该从哪儿下水。所以参考古代帝王的制度，揣度先王的政教，以解救百姓的疾苦。那些贤明的先王，给我以教诲，说上天生育百姓，不能自己治理自己，上天深察下情，明晓事理，设置天子以治理百姓。天子一个人不可能治理百姓，于是广求德行完美的人，设置百官及各种官吏来辅佐自己。上天设立天子，天子设置百官，都是为了体察百姓，不是为了贪图安逸。天子好比头，百姓好比脚，百官好比胳膊和大腿一样辅助天子。上下连为一体，各自把自己当做的事做好，从而达到最高的原则。所以先王经常教导说：做天子如能尽力把天子的事做好，臣子如尽力把臣子的事做好，国家就会治理好。」如今我受上天的福佑，登上帝位。辅佐我的百官又服从国家的政令，无不恪尽职守。唉，如果君王不能付出君王的艰辛，大臣不能付出大臣的艰辛，政事哪会不败坏呢？唉，艰难呀！诸位凡是在职的，希望听从寡人之命。』

皇帝若曰：『柱国，唯四海之不造①，载繇二纪。天未绝我太祖列祖之命，用锡我以元辅。国家将坠，公惟栋梁。皇之弗极，公作相。百揆愆度，公惟大录。公其允文允武，克明克乂，迪七德，敷九功，龛暴除乱，下绥我苍生，旁施②于九土。若伊之在商，周之有吕，说之相丁，用保我无疆之祚。』

皇帝若曰：『群公、太宰、太尉、司徒、司空。惟公作朕鼎足，以弼乎朕躬。宰惟天官，克谐③六职。尉惟司武，武在止戈。徒惟司众，敬敷五教。空惟司土，利用厚生。惟时三事，若三阶之在天；惟兹四辅，若四时之成岁。天工人其代诸。』

皇帝若曰：『列将，汝惟鹰扬④，作朕爪牙，寇贼奸宄，蛮夷猾夏，汝徂征，绥之以惠，董之以威。刑期于无刑，万邦咸宁。俾八表之内，莫违朕命，时汝功。』

皇帝若曰：『庶邦列辟⑤，汝惟守土，作民父母。民惟不胜其饥，故先王重农；不胜其寒，故先王贵女功。民之不率于孝慈，则骨肉之恩薄；弗惇于礼让，则争夺之萌生。惟兹六物，实为教本。呜呼！为上在宽，宽则民怠。齐之以礼，不刚不柔，稽极于道。』

注释 ①不造：不幸之意。②旁施：施恩之意。③克谐：能够协调之意。④鹰扬：即大展雄才。⑤庶邦列辟：各地众官。

译文 皇帝说：『柱国，四海不幸，由开始至今已有两代。上天没有断绝我太祖列祖之运命，因而把重臣赐给我。国家有灭亡的危险，你成为国家的栋梁。朝廷缺乏最高的准则，你便担任宰相。百官没有秩序，你总率百官。你文武兼备，英明善治，宣扬七种德行，创建九种功绩，剪暴除乱，使百姓安宁，九州以外的人也蒙受你的恩惠。好像伊尹在商代，吕望在周

代，傅说辅佐武丁，因而可保我朝无穷无尽的幸福。』

皇帝说：『群公、太宰、太尉、司徒、司空，诸位作为寡人的三公重臣，辅佐寡人。太宰是天官府的首脑，要做好治、教、礼、政、刑、事六种职务。太尉掌管军事，职在消除战争。司徒掌管百姓，要认真宣布父义、母慈、兄友、弟恭、子孝五种教化。司空掌管土地，要开发地利，为百姓谋福利。朝廷三公，就像天上有三台星；朝廷四辅，就像一年有四季。一切官职虽然是按上天的意志设立的，但需人去担任。』

皇帝说：『各位将军，你们要大展雄才，做寡人英勇善战的勇士。盗贼为非作歹，蛮夷扰乱中原，你们前往征讨，用恩惠安抚他们，用威刑监督他们。战争的最终目的是消除战争，各国实现和平。使八方之内，没有谁违抗寡人的命令，这是你们的功劳。』

皇帝说：『各地众官，你们掌管所辖的区域，要做百姓的父母。百姓不能忍受饥饿，所以先代圣王重视农耕；百姓不能忍受寒冷，所以先代圣王重视纺织。百姓如果不孝敬慈爱，亲人之间就会缺乏恩情，如果不尊崇礼让，就会产生争夺的念头。这六件事，确实是教化的根本。唉！治理百姓应当宽厚，但太宽厚百姓又会懈怠。只有用礼法使他们的思想与行动一致，不刚不柔，才符合中正之道的准则。』

皇帝若曰：『卿士、庶尹、凡百御事，王省惟岁，卿士惟月，庶尹惟日，御事惟时。岁月日时，罔易其度，百宪咸贞，庶绩其凝。呜呼！惟若王官，陶均万国①，若天之有斗，斟元气，酌阴阳，弗失其和，苍生永赖②；悖其序，万物以伤。时惟艰哉！』

皇帝若曰：『惟天地之道，一阴一阳；礼俗之变，一文一质。爰自三五③，以迄于兹，匪惟相革，惟其救弊，匪惟相袭，惟其可久。惟我有魏，承乎周之末流，接秦汉遗弊，袭魏晋之华诞，五代浇风，因而未革，将以穆俗兴化，庸可暨乎。嗟我公辅、庶僚、列侯，朕惟否德，其一心力，祗慎厥艰④，克遵前王之丕显休烈，弗敢怠荒。咨尔在位，亦协乎朕心，惇德允元，惟厥难是务。克捐厥华，即厥实，背厥伪，崇厥城。勿愆勿忘，一乎三代之彝典，归于道德仁义，用保我祖宗之丕命。荷天之休，克绥我万方，永康我黎庶。戒之哉！戒之哉！朕言不再。』

注释 ①陶均万国：治理各地之意。②永赖：即有所依赖。③爰自三五：从三皇五帝一直到今天。④祗慎厥艰：敬慎于事业的艰辛。

译文 皇帝说：『卿士、庶尹及御事们，六件事的实行，君王每年视察各地一次，卿士则应每月一次，众官首长每天都应巡视，办事人员则应随时检查。年、月、日、时，先后不发生错乱，各种制度就将合乎时宜，一切事情都将顺畅。唉！你们这些天子的官员，控制治理各地，就像天上的北斗，调和元气阴阳，使其保持和谐，百姓永远仰仗你们；如果违反了应有的次序，世间万物就会因此受到损伤。这是十分艰辛的事情啊！』

皇帝说：『天地的规律，一阴一阳；礼俗的变化，一文一质。从三皇五帝到今天，不仅有所变革，正是因为它可以挽救时弊，不仅有所沿袭，正因为它可以保持长久。我大魏上继周代衰亡时期的世风，又承接了秦汉时代的陋俗，因袭了魏晋两朝的奢华怪诞，这五代浮薄的风气，历代相承，未加改变。要使风俗和厚，宣扬教化，哪有可能办到呢？唉！公辅、庶僚及列侯们，我自思德行鄙劣，只能全心尽力，努力继承先王的伟大业绩，不敢松懈享乐。唉，你们各位官员，应当与我的想法一样，使德行淳朴，恭谨地坚守自己的职责。丢弃奢华，讲究朴实；背离虚伪，崇尚真诚。不要犯错误，不要忘记自己的职责，用夏、两、周三代常用的典则来统一世风，使社会风气归向道德仁义，以此保全我祖宗传下来的大命。承受皇天的福禄，能够安抚天下各地，永远使我朝百姓安宁。大家要谨慎啊！谨慎啊！我的话不说第二遍了。』

柱国泰洎庶僚百辟拜手稽首曰：『「亶①聪明作元后，元后作民父母。」惟三五之王，率繇此道，用臻于刑措②。自时厥后，历千载而未闻。惟帝念功，将反叔世，逖致于雍。庸锡降丕命于我群臣。博哉王言，非言之难，行之实难。罔不有初，鲜克有终。《商书》曰：「终始惟一，德乃日新。」惟帝敬厥始，慎厥终，以跻日新之德，则我群臣，敢不夙夜对扬休哉。惟兹大谊，未光于四表，以迈种德，俾九域幽遐，成昭奉元后之明训，率迁于道，永膺无疆之休。』帝曰：『钦哉。』自是之后，文笔皆依此体。

绰性俭素，不治产业③，家无余财。以海内未平，常以天下为己任。博求贤俊，共弘治道④，凡所荐达，皆至大官。太祖亦推心委任，而无间言。太祖或出游，常预署空纸以授绰，若须有处分，则随事施行，及还，启之而已。绰尝谓治国之道，当爱民如慈父，训民如严师。每与公卿议论，自昼达夜，事无巨细，若指诸掌⑤。积思劳倦，遂成气疾。十二年，卒于位，时年四十九。

注释 ①亶：确实。②用臻于刑措：这里指不用刑法天下便大治。③不治产业：不经营私人产业。④共弘治道：共同弘扬治国之道。⑤若指诸掌：都好像在手掌上筹划一样。

译文 柱国宇文泰与群官敬礼后说：『「确实聪明的人就做君主，君主做百姓的父母。」三皇五帝大都遵行这种治国之道，以使可以弃置刑法而不用。从那以后，已经过千年，再也没听说哪个帝王遵循这一原则了。陛下想建立功业，将改正乱世风

俗，使社会风气变得和厚，向我们群臣颁布重大命令。陛下的话真博大，说起来并不难，做起来才难。任何事情都有开头，但很少有善始善终的。《商书》上说：「始终如一，德行日进。」我们希望陛下慎终如始，使德行日益光大，我们臣下怎敢不日夜颂扬陛下的美德。这重大的命令，还未传遍四方，以远布陛下的恩德。应当使全国最偏远的百姓，也清楚地领会陛下的教诲，行为都向正确的方向转变，永远获得无穷无尽的好处。』皇帝说：『你们可要认真谨慎啊。』从此之后，文章的风格都依照这种体例。

苏绰品性节俭朴素，不经营私人产业。家中没有多余的财物。因为全国还未平定，他常把统一天下作为自己的责任。广求贤才俊杰，一起探寻治理国家的办法。凡是他所推荐的人，都受到重用。太祖宇文泰也推心置腹地任用他，从未说过不满意他的话。宇文泰有时到城外去游玩，经常预先在空白纸上签上自己的名字交给苏绰，如果有什么事需要处理，苏绰便根据情况做出裁决加以实行，等宇文泰回来后，告诉他一声就可以了。苏绰曾说，治理国家的方法是，官员们应该像慈祥的父亲那样爱护百姓，像严格的老师那样教诲百姓。苏绰每次与公卿议论政事，都是从白天一直谈到晚上，事情无论大小，都好像在手掌上筹划一样。由于他长期思考，过于疲劳困倦，最终患上气血不通的疾病。大统十二年，苏绰在任职期间去世，终年四十九岁。